Crea tu hogar sostenible

Laura Peinado

Crea tu hogar sostenible

Cómo cuidar del planeta sin arruinarte

Laura Peinado

Planeta

Avenida Diagonal, 662-664 - 08034 Barcelona
Calle Juan Ignacio Luca de Tena, 17 - 28027 Madrid

Ilustraciones de interior, ©Dímeloengráfico, © Flaticon
Diseño de interior y maquetación: © Dímeloengráfico

Primera edición: noviembre de 2024
Depósito legal: B. 17.205-2024
ISBN: 978-84-08-29447-4
Impresión y encuadernación: LIBERDUPLEX
Printed in Spain - Impreso en España

FSC www.fsc.org
MIXTO
Papel | Apoyando la silvicultura responsable
FSC® C158190

Índice

Introducción

Si tienes este libro en las manos, seguramente ya hayas empezado a recorrer tu camino hacia una vida más sostenible, ya sea porque me sigues en las redes sociales (@laurapeinadorodriguez) o porque cada vez somos más las personas que nos damos cuenta de la necesidad de cambiar nuestros hábitos en pos de un mundo más sano y justo para todos.

Con él quiero ayudarte a dar esos pequeños pasos en tu hogar tan necesarios para cuidar el planeta, de manera sencilla y, sobre todo, *low cost.* Yo también he sido estudiante, he vivido de alquiler compartiendo piso y he tenido pocos recursos para gastar en casa. Aún ahora sigo optando por muchas opciones baratas, como la segunda mano, de la que soy muy fan.

Antes de que empieces a indagar entre las páginas del libro, quiero decirte que no te agobies si no llegas a todo, si no cumples con todos los aspectos sostenibles que te propongo. La sostenibilidad no es una meta, sino un camino, y no siempre es recto. La salud mental de cada uno es primordial, por eso te animo a centrarte en la parte positiva de la sostenibilidad, en hacer lo que está en tu mano y difundirlo, porque de malas noticias y catastrofismos ya tenemos suficientes...

Esta no es una guía para que la sigas al pie de la letra. A través de mis redes sociales, siempre insisto en la importancia de que cada uno siga su camino teniendo en cuenta su realidad y limitaciones. Cualquier cosa que hagas, por pequeña que sea, significa mucho. Y contarlo ¡aún más! El boca a boca es muy importante para dar a conocer las alternativas que existen y sembrar la semilla del cambio en las personas que te rodean, para crear una red que trate de hacerlo mejor aún, más grande.

Pero es más importante transformar la visión de los demás a través del ejemplo. Este es el motivo por el que comencé a escribir este libro, con la intención de compartir de manera sencilla mi día a día en el hogar, para que tú puedas comenzar a cambiar desde ya.

1. Cuestiones generales

Estoy convencida de que si has comprado este libro, amas el planeta y eres consciente de que su salud está en tu mano. Para ti no es una opción, es una prioridad: es el mundo que quieres, el que deseas dejar a los que vendrán. Antes de entrar en cada zona de la casa, hay diversas cuestiones generales que podrás aplicar en todo tu hogar. Da igual si vives en un pisito alquilado o te has comprado tu primera casa: desde hoy, puedes empezar a ser más sostenible.

Son muchos los aspectos que tocaré en este primer capítulo, pero es importante que tengas unos conocimientos básicos para que llegues a tener la casa de tus sueños. No hace falta que lo hagas todo, por supuesto, es un ideal, pero todo pequeño paso marcará la diferencia con respecto al planeta, tu salud y tu bolsillo.

Empecemos con unas recomendaciones generales antes de entrar en tu casa, por si te planteas independizarte de forma sostenible:

- **¿Dónde?** Hace años, hubo mucha gente que, para encontrar viviendas más económicas, decidió irse a vivir a las afueras de las ciudades, lejos de su lugar de estudio y trabajo, sin pensar que eso conlleva más gastos a lo largo de la vida, reduce el tiempo libre y contamina más. Si tienes que elegir dónde vivir, busca el lugar más sostenible para tu bolsillo y para el planeta.

- **¿De qué tamaño?** Si puedes, elige el tamaño ideal para ti. Los pisos pequeños son más sencillos y baratos de aclimatar, así que ahorrarás.

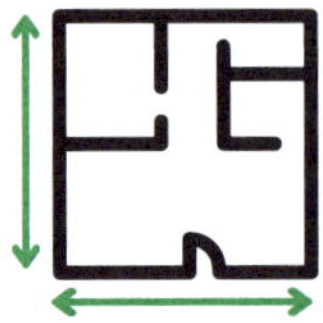

- **¿Tiene luz natural?** Como verás, es la fuente energética más barata: ¡gratis! Si el piso que buscas tiene luz natural, saldrás ganando.

Está en tu mano implicarte, informarte y participar en la solución del problema al que todos nos enfrentamos. No quiero invitarte a que empieces de cero con productos sostenibles o a que te líes (y te arruines) reformando tu casa, sino a que adoptes prácticas y hábitos —como el «Menos es más» que verás por todas partes— que te permitan vivir de una forma más beneficiosa, tanto para ti como para el medioambiente. Como sabes, los recursos son limitados: debemos conservarlos y protegerlos para que se mantengan en el futuro. Vivir casi sin impacto es posible.

Todos los consejos de este capítulo, sumados a los que te daré para cada una de las habitaciones de tu casa, te permitirán poner tu granito de arena en esta misión. En la Tierra vivimos más de 8.000 millones de personas, tantas que, si nos unimos, podemos lograr grandes cosas. Quizá te parezca que tus actos son pequeños, pero imagínanos como un ejército de hormiguitas luchando todas a la vez. ¡Tenemos mucha fuerza! Si lo hacemos juntos, podremos reducir el impacto en el entorno, además de mejorar nuestra salud y la de nuestro bolsillo.

Suministros y fuentes de energía renovables

Cuando llegamos a casa por la noche, todos tenemos nuestra rutina: abres la puerta, enciendes la luz (quizá también pones la calefacción o el aire acondicionado), te das una ducha, te pones el pijama, te preparas una infusión o te pones a hacer la cena, enciendes la tele o activas el altavoz con música de fondo... Usamos la luz y el agua sin pensarlo mucho, porque no nos falta en casa. Pero debemos ser conscientes de que el agua y la energía no son infinitas.

El consumo de energía es uno de los grandes responsables del cambio climático. Casi un 80 % de la energía que se consume en el mundo se produce con fuentes no renovables (carbón, petróleo, gas natural...) y se necesitan muchos recursos para extraerlos. Además, si estos combustibles fósiles se queman para producir electricidad, generan gases de efecto invernadero, lo que favorece el calentamiento global.

Tal como demuestra el aumento de precio en los suministros de los últimos años, cada vez es más caro contar con esta energía de la que dependemos para casi todo, y solo nos damos cuenta de ello cuando cortan el agua, se estropea la caldera y nos duchamos con agua fría, se va la luz o nos quedamos sin batería en el móvil o el portátil. ¿E internet? Lo usamos para todo: trabajar, oír música, comprar, hacer videollamadas, ver la tele... ¿Y qué necesita? Pues claro, electricidad. Cuando dices que quieres reducir el impacto en el planeta, es fundamental saber qué recursos energéticos usas para reducir tanto la huella de carbono como la factura, ya que ahorrar energía implica ahorrar dinero.

- Según ECODES, el consumo de energía en casa representa casi un 20 % del consumo total en España.[1]
- La tecnología ha disparado el consumo de energía actual: una nevera mediana consume al año los mismos kilovatios que un móvil.[2]

¿Cómo saber cuál es tu consumo energético en casa? Comprueba tus facturas e identifica los equipos que se comen la mayor parte de la energía: ¿gastan mucho, pero los usas muy poco (freidora, tostadora, plancha...)? ¿Los usas mucho, pero gastan poco (luces, nevera...)? ¿O gastan mucho y los usas mucho (lavadora, lavavajillas, horno...)? Hay que comprobar dos conceptos clave: potencia y tiempo. Si son aparatos que usas mucho, lo mejor es mirar la etiqueta de eficiencia energética, de lo que te hablaré más adelante. Si su uso es limitado, cuanto menos consuma, mejor para tu bolsillo.

Si aplicas prácticas para reducir el consumo sin bajar el nivel de confort de tu casa y usas tecnología que necesite menos energía, conseguirás reducir tus facturas. Además, si evitas conectar muchos equipos al mismo tiempo y lo haces a lo largo del día, puedes contratar una potencia más baja, lo que te permitirá ahorrarte un dinerito. ¿Has mirado las tarifas de luz con discriminación horaria? Igual te interesan, ya que puedes ahorrar entre 70 y 200 euros al año. ¿Y los límites de consumo del agua? Todo esto lo veremos en este apartado.

Hay muchos otros factores que influyen en la eficiencia energética de tu hogar, como la zona en la que vivas, la orientación y las calidades de tu casa, el aislamiento, el número de personas que hay en ella... Quizá no te estés planteando mudarte, pero si lo vas a hacer, tenlo en cuenta. Tu aportación es clave para luchar contra la emergencia climática.

¿Y la energía limpia o verde? Sin duda, es la mejor opción. Ahora casi todas las compañías eléctricas te dan la opción de elegir que tu energía sea 100 % de fuentes renovables. Los recursos a los que estamos habituados se acabarán algún día, así que las energías renovables son el futuro.

Agua: cada gota cuenta

El planeta necesita agua dulce, desde los bosques que producen madera hasta las tierras en las que se cultivan los alimentos. En casa, usamos el agua para beber, regar, asearnos, cocinar, limpiar... ¡Y somos muchos millones de personas las que abrimos el grifo a diario! ¿Nos quedaremos sin agua? De un tiempo a esta parte están saltando muchas alarmas respecto al uso de este bien escaso, el agua dulce: los pantanos están a menos de la mitad de su capacidad, en algunas zonas mediterráneas hay restricciones de uso, el agua es cada vez más cara... En los capítulos «El baño» y «La cocina» encontrarás opciones para reducir su consumo, pero la primera decisión es tuya: ser consciente de que este bien no se puede desperdiciar.

Coge tu factura y averigua cuánta agua gastas al mes o cada dos meses. Es sencillo, busca el consumo y divídelo entre todos los que vivís en casa. Te invito a que pongas en práctica los consejos que voy a darte y, en seis meses, vuelvas a comprobar tu consumo.

Antes que nada, comprueba que no tengas fugas: mira la cifra del contador antes de irte a dormir, cuando ya no vayas a usar el agua, y haz lo mismo cuando te levantes por la mañana. Si la cifra no ha cambiado, todo está bien. Si lo ha hecho, vuelve a revisarlo y, si sigue gastando y no encuentras la fuga, llama a un fontanero para que revise tu instalación.

Hecho esto, vamos a por tres consejos prácticos:

1. **Reduce el consumo:**

   * Al lavarte los dientes, cierra el grifo, o desperdiciarás 6 litros por minuto.

* Opta por grifos y duchas con aireadores: mantienen el flujo, pero gastarás la mitad de agua.
* Los grifos monomando mejor que bimando. Si te decantas por los termostáticos, cada grado cuenta para ahorrar en tus facturas.
* Las boquillas reductoras de caudal mantienen la corriente de agua, te permiten ahorrar y se pueden poner en casi todos los grifos del mercado.
* Toma una ducha corta (3-8 minutos) en vez de un baño. Ahorrarás unos 200 euros al año. Si lo necesitas, usa un temporizador o ponte una canción que dure unos 4 minutos, y úsala de referencia.
* No uses el inodoro como cubo de la basura y ahorrarás el agua en cada descarga.
* Pon doble pulsador en la cisterna del inodoro y úsala con cabeza: necesidad pequeña, botón pequeño; necesidad grande, los dos botones.
* Si tu cisterna no tiene doble pulsador, mete una botella llena de agua dentro para reducir la cantidad de agua que gastas en cada descarga.
* Lava los alimentos en un recipiente, no debajo del grifo.
* Enfría el agua en la nevera y no tendrás que esperar a que salga fría del grifo.
* Usa el riego eficiente: riega en las horas de menos calor —mejor de noche—, usa el riego por goteo y, si puedes, añade un temporizador.

2. Aprovecha el agua sobrante:

* Recoge el agua que cae en la ducha mientras esperas a que se caliente y úsala para regar las plantas o para limpiar.

3. **Elige electrodomésticos que usen menos agua:**

    * Elige los de etiquetado alto (A es el más eficiente) con modo ECO: son más caros, pero consumen menos agua y energía. A la larga, ahorrarás.
    * El lavavajillas ahorra agua y energía si se compara con el lavado a mano. Ponlo solo cuando esté lleno y no enjuagues los platos antes de meterlos: quita los restos con un cepillo o una espátula.
    * Carga la lavadora al máximo y utiliza programas en frío o hasta 30 °C para reducir el consumo siempre que puedas.

Gas: una energía limpia no renovable

Sí, el gas es un modo de energía menos contaminante si se compara con otras fuentes fósiles: no se siguen procesos para transformarlo ni su combustión produce azufre ni partículas sólidas, aunque no deja de emitir CO_2. Pero no es una fuente de energía renovable. En muchas casas todavía se usa gas para cocinar, calentar el agua y climatizar, y son muchas sus ventajas, dada su versatilidad y su bajo impacto ambiental, pero hay que seguir algunas normas para evitar riesgos:

- Haz el mantenimiento a tu instalación para prevenir fugas. Los distribuidores suelen incluir un seguro en la factura que incluye una revisión al año.
- Si huele a gas (es inoloro, pero le añaden un químico), ¡actúa rápido! Abre las ventanas, apaga todo lo que esté encendido y llama a la compañía del gas. Yo he vivido un incendio por una bombona de gas y no te lo recomiendo.

- Ventila bien todas las zonas donde uses equipos de gas. Si no lo haces, se puede acumular monóxido de carbono, un gas muy tóxico.
- Si usas bombonas, guárdalas en un lugar fresco y ventilado, lejos de fuentes de calor.
- Todos en casa tenéis que saber qué hacer si se produce una emergencia: averigua dónde está la llave de paso y cómo cerrar el suministro.

Electricidad: la reina de la casa

Podríamos decir que, hoy en día, la electricidad mueve el mundo. Si quieres ahorrar, tu frase de cabecera sería: si no lo usas, apaga o desenchufa (no lo dejes en *stand by*). Si lo haces, ahorrarás un montón, pero hay muchas más opciones, como verás ahora.

La mayoría de la electricidad se produce a partir de combustibles fósiles, así que libera dióxido de carbono y gases a la atmósfera que favorecen el efecto invernadero y, por tanto, el cambio climático. Como verás, esto no sucede con la energía que proviene de fuentes renovables.

Para conocer tu consumo, hay dos variables que debes tener en cuenta: los kilovatios que tienes contratados y la cantidad que gastas por hora. Vamos a ver cada una de estas variables para averiguar cómo ser más sostenibles en el hogar.

Iluminación

Está claro que la opción más sostenible es aprovechar la luz que obtenemos gratis: la del sol. Abre las cortinas y persianas a primera hora del día y deja que bañe tu casa: te aportará luz y calor. Cuando ya no veas o necesites más luz para realizar tus actividades, tendrás que darle al interruptor sí o sí.

A la hora de elegir, opta por las luces led, consumen un 80 % menos de energía que las incandescentes y tienen una vida útil más larga. Es decir, ¡buenas con tu bolsillo y con el planeta!

1 led dura hasta 20 años = 3 bombillas fluorescentes = 30 bombillas incandescentes

En el mercado encontrarás *packs* de bombillas led desde 2 euros. Si te planteas cambiar tus antiguas bombillas, cuenta el número de lámparas que tienes en casa y mira cuáles pasan más tiempo encendidas. Empieza por esas. Cuando vayas a comprarlas, verás que, como los electrodomésticos, incluyen una etiqueta energética. Las más eficientes son las A y, las menos, las de clase F o G. Como siempre, tú eliges.

También cuentas con algunos artilugios para controlar la luz de forma automática: me refiero a los sensores de movimiento y a los detectores de luz ambiente. En el primer caso, cuando entres o salgas de una habitación, la luz se encenderá o apagará de forma automática. Nosotros los tenemos en uno de los dormitorios y van genial. Ya hay lámparas que los incluyen, pero también puedes instalarlos en tus lámparas, un sistema bastante más económico que te permitirá ahorrar. En este caso, las lámparas incluyen un detector que, cuando la luz solar llega a cierto nivel, se encienden o se apagan solas. Si te decantas por estas, es mejor que también lleven el sensor de movimiento, para que no se enciendan mientras no estés en casa cada vez que haya poca luz.

En el exterior, y más si vives en una zona soleada, te recomiendo la iluminación solar, y no solo para una guirnalda de bombillas decorativas como tenemos nosotros en el jardín, que también, sino para las luces de exterior que alumbran el porche, la terraza o la entrada de casa.

Reducir el consumo de electricidad para iluminar tu casa reducirá las emisiones de gases de efecto invernadero. Y un último consejo: recicla las bombillas usadas. Si son incandescentes, tíralas a la basura normal, no al contenedor de vidrio, porque contienen metal. Las fluorescentes tienes que reciclarlas en puntos concretos, porque tienen químicos como el mercurio. En Europa, las bombillas led se reciclan como productos electrónicos: donde las compres, encontrarás contenedores para reciclarlas.

¿Luz fría o cálida?

La temperatura del color es importante según lo que quieras conseguir:

- Luz fría (entre 5.000 y 6.500 k). La idónea para concentrarte, ya que cansa menos la vista.
- Luz neutra (4.500 k). Perfecta en lugares donde necesites una luz más natural, como en el tocador o en un estudio de pintura.
- Luz cálida (entre 2.800 y 3.300 k). Ideal para relajarte, la más adecuada para encender de noche.

Las bombillas regulables que permiten cambiar la intensidad son una buena idea.

Electrodomésticos y electroingenios eficientes

¿Conoces la categoría energética de tus electrodomésticos, es decir, sabes si gastan y contaminan mucho o poco? Está claro que no tienes que cambiar todos tus electrodomésticos de golpe, pero, cuando se acabe su vida útil, te recomiendo que compres el más eficiente que puedas pagar. Sí, el desembolso es importante, pero si coges uno poco eficiente será como si tuvieras que pagar un plus por él cada mes en tu factura de la luz, e incluso del agua. Por ejemplo, los de clase A te permiten ahorrar casi 600 euros durante toda la vida del aparato comparados con los de clase G, ¡y eso es mucho dinero! Cuanto más alta sea su clasificación, más eficiente será tu consumo.

?

- Según la OCU, una nevera combo de clase A te permitirá ahorrar durante su vida útil casi 400 euros en luz en comparación con una de clase C.[3]
- Si ves tu tele led 4 horas al día y tiene una clasificación A, ahorrarás 300 euros a lo largo de su vida útil si la comparas con una tele de clase B. [4]

Lo mismo sucede con los electroingenios, un montón de aparatos que te ayudan a planchar, picar las verduras, enfriar el aire, prepararnos una tostada, exprimir las naranjas, aspirar, imprimir documentos o procesar la información. Suelen incluir una etiqueta que certifica el ahorro de energía, como la Energy Star de los ordenadores: garantiza que puede pasar al modo de ahorro de energía mientras no se usa. En ese caso, su consumo será, como máximo, del 15 % de lo que gastaría encendido. También puedes encontrar la Etiqueta Ecológica Europea (EEE), que te ayudará a identificar productos con un bajo impacto durante toda su vida útil.

La forma de usar los electroingenios de la manera más eficiente posible consiste en apagarlos del todo cuando no los uses. Sí, desenchúfalos. En algunos aparatos, el *stand by* consume tanto como cuando está encendido. Imagina que pagas en casa unos 600 euros en electricidad: pues 50 serán por la energía que consumen «en espera».

Pilas

Intenta reducir al máximo los aparatos que llevan pilas. Si no puede ser, opta por las recargables. Las que no lo sean, recíclalas en los contenedores para pilas.

Una gran cantidad de electricidad se desperdicia por culpa de los enchufes múltiples, los ladrones y las alargaderas, pero puedes ahorrar si los usas con interruptor. Apaga las regletas si no hay nada enchufado o cuando no vayas a usar lo que esté conectado. Últimamente han salido unas llamadas *stand by killer* que cortan la corriente cuando el equipo principal está apagado —útil con el ordenador y la impresora— o las regletas inteligentes que se controlan desde el móvil.

Intenta que los productos eléctricos que compres te duren al menos siete años. Sí, seguro que has oído hablar de la obsolescencia programada, pero, si el aparato funciona (el móvil, el ordenador, la tele…), no lo cambies por capricho o entre todos llenaremos el planeta de basura electrónica. ¡Y no los tires a la basura! Además de productos tóxicos, contienen cobre, vidrio, hierro, plásticos… Recíclalos para que se conviertan en nuevos productos.

Reciclaje

- En punto limpio: busca el que tengas más cerca de casa y deja allí tus viejos electrodomésticos y electroingenios.
- Cuando compres un electrodoméstico nuevo, si contratas el envío a casa, la empresa que te lo vende debe hacerse cargo de la gestión del reciclaje del antiguo.
- Si ya no te sirve pero funciona, véndelo en el mercado de segunda mano.
- No olvides llevar a reciclar tu viejo teléfono móvil cuando ya no funcione.

Antes de comprar nada, piensa para qué lo vas a utilizar. ¿Realmente vas a usar ese fabuloso cuchillo eléctrico, el exprimidor eléctrico o aquel batidor a pilas que te hace espumita en la leche? La respuesta es tuya, pero en ocasiones, en lugar de facilitarte la vida, te la complican: gastas y acumulas más.

Energías limpias, verdes o renovables

Siempre que puedas, la energía verde será la mejor opción para el planeta y para tu bolsillo. En el caso de la luz, pide a tu compañía que tu electricidad proceda de fuentes renovables, lo cual no afectará en tu factura a nivel económico. Pero también hay otras opciones que te voy a contar a continuación.

La energía solar es una gran opción inagotable que requiere que instales placas o paneles solares. Sus componentes emiten polvo de sílice y se usan tóxicos en su fabricación, así que deben reciclarse con cuidado. Si la empresa instaladora tiene un protocolo de recogida y reciclaje de los paneles cuando acabe su vida útil, mejor. Los paneles se instalan en el tejado y te permiten obtener la energía del sol. El desembolso inicial suele amortizarse a los 8 años, pero su vida útil es de 20-25, así que calcula lo que puedes llegar a ahorrar. En algunas comunidades autónomas, el gobierno ofrece subvenciones y ayudas si te cambias a la energía solar. También hay calderas solares y, por supuesto, luces o cargadores solares que puedes encontrar en muchos comercios.

La energía eólica, que utiliza turbinas, es la más eficiente y renovable, ya que su impacto ambiental es mínimo. Por su parte, la aerotermia también te permitirá generar energía para enfriar el ambiente o calentar el agua y tu casa a través de un sistema doble: 20 % electricidad y el 80 % restante gratis, del aire exterior, así que no se considera 100 % verde, aunque reduce muchísimo las emisiones de CO_2. Es la opción que nos estamos planteando en el futuro para calentar nuestra casa en invierno.

La biomasa es una energía sostenible y limpia que te servirá para la calefacción y el agua caliente, aunque está pensada para zonas rurales, no para la ciudad. En ella se usan pellets u otro combustible vegetal para alimentar la caldera o las estufas.

La geotermia aprovecha la energía de la tierra para calentar el agua, además de abastecer el sistema de calefacción. No es muy habitual, ya que cuesta mucho instalarla.

Quizá no puedas permitirte estas opciones, pero sí disfrutar de la energía verde con muchas compañías energéticas que ofrecen la electricidad que se ha obtenido con paneles solares o turbinas eólicas, como te decía. Estarás invirtiendo en energía con emisiones cero y transmitirás al mundo tu deseo de alejarte de los combustibles fósiles. Cuantos más seamos, mejor para nuestro futuro y el del planeta. Como siempre digo, la demanda aumenta la oferta.

Paredes y suelos

Lo más probable es que te hayas encontrado en casa unas paredes y un suelo concretos, pero cuentas con opciones ecológicas que te permitirán tener la casa sostenible de tus sueños sin gastar mucho dinero.

Los materiales más sostenibles son la madera, el corcho, la fibra de celulosa, el ladrillo caravista y el barro cocido, ya que reducirán tus necesidades de climatización y aislarán tu hogar a nivel acústico. Si no los tienes, no te preocupes: hay mil opciones, como los paneles de aislamiento que puedes colocar donde los necesites.

Pintura

En un momento u otro, por lo general cuando alquilas o compras una vivienda, pintas las paredes, costumbre que hay que repetir cada seis años. En los siguientes capítulos encontrarás recomendaciones para cada habitación, pero voy a darte unas pinceladas generales que te permitirán elegir con cabeza la mejor pintura para tu hogar.

?

- Las pinturas al agua sin disolventes (ecológicas) reducen la emisión de sustancias nocivas hasta en un 95 % si se comparan con las tradicionales.[5]
- Las pinturas que se anuncian como libres de compuestos orgánicos volátiles (COV) no quiere decir que no contengan sustancias dañinas.

Las pinturas ecológicas son la mejor apuesta, ya que están libres de químicos. Para comprobar si lo son, busca la etiqueta Ecolabel, una certificación de la UE que garantiza que respetan tanto el medioambiente como tu salud. Estas pinturas están compuestas por productos de origen vegetal, sin resinas sintéticas, disolventes, diluyentes ni aditivos. Por lo general, todas son seguras, pero muchas personas son alérgicas o sensibles a los químicos. Si te preocupa la salud del planeta, te recomiendo que elijas con cuidado.

Antes de comprar la pintura, calcula cuánta necesitarás. Si no lo tienes claro, anota las medidas de la habitación y pregunta en tu tienda de confianza. Si compras de menos, tendrás que ir a por más, pero si compras en exceso, tendrás que decidir qué hacer con la que te sobre. La mayoría de los botes que se quedan a medias suelen acabar almacenados en algún lugar de la casa a la espera de volver a usar la pintura sobrante, lo que a veces no llega a ocurrir y, cuando nos cansamos de ese bote que ocupa espacio y no nos sirve de nada, solemos tirarlo. ¿Reciclarlo? No se puede, así que a la basura con él. Lo suyo sería llevarlo a un punto limpio para que lo procesen de forma segura. Te recomiendo que te informes en tu ayuntamiento. Si te sobra pintura y quieres conservarla, guárdala bien cerrada en un lugar que no sea ni muy frío ni muy cálido para evitar que se estropee. Si lo haces bien, te durará hasta 10 años.

Podrás elegir entre varios tipos de pintura. Te las voy a presentar de más barata a más cara:

- **Plástica mate ecológica.** Es una pintura tradicional sin COV. Comprueba que sea respetuosa con el medioambiente.
- **A la cal.** Perfectas para paredes y techos porque blanquean, pero necesitan una imprimación previa para adherirse bien. Están compuestas por minerales

con base de agua, no huelen, regulan la humedad del ambiente y tienen propiedades desinfectantes. Su precio es moderado.

- **De arcilla.** A pesar de que son menos resistentes que las anteriores, si le das un golpe a la pared y queda marcada, podrás arreglar esa parte sin tener que pintar toda la habitación. No acepta el agua, así que no la limpies con bayeta.
- **De silicato.** Son las más resistentes. Si tu pared estaba pintada con pintura plástica, no podrás usarla si no la preparas antes.

Suelo

Por lo que se refiere al suelo, si es de parqué sostenible, ¡genial! Es un material natural, cálido, aislante térmico y acústico, versátil y atemporal. Si es de baldosas, puedes aportarle calidez añadiendo una bonita alfombra que te ayude a separar ambientes.

¡Huye de los que contienen COV! Por ejemplo, los parqués flotantes se pegan con cola de formaldehído, una sustancia considerada cancerígena por la OMS.

Si estás pensando en cambiar el suelo, puedes elegir el corcho (duradero y cálido), la caña o el bambú de fuentes renovables, además del mármol, la piedra natural, el yeso alabastrino y el linóleo. No te recomiendo las baldosas cerámicas: en su fabricación se emiten gases de efecto invernadero y usan metales pesados en sus barnices.

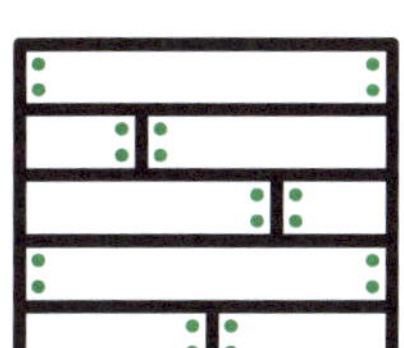

Entonces, ¿cuál elegir?

Por orden:

- Pavimentos naturales vegetales renovables: madera, corcho, caña, bambú y linóleo.
- Piedra natural (de explotación sostenible), yeso alabastrino y baldosas de mármol.
- Vinilo fabricado con plástico reciclado o baldosas de vidrio reciclado.
- Baldosas cerámicas.

Aislamiento térmico

Si alguna vez has estado delante de una de las ventanas de tu casa y entra airecillo, sabrás de lo que te hablo. Tienes puesta la calefacción, pero notas fresquito cuando te acercas a una ventana o a la puerta, te das cuenta de que entra aire, subes un grado el termostato y asumes que estás tirando el dinero...

Aislar tu hogar es la manera más eficiente de ahorrar energía en casa. Algunos aspectos escapan a tu control, como la cantidad de paredes que están en contacto con el exterior, la antigüedad del edificio y la cantidad de ventanas que tengas. ¿Cómo influyen estos tres aspectos?

- **Muros en contacto con el exterior.** Si tu piso es interior, las paredes de tus vecinos te protegerán del frío en invierno y del calor en verano. Si vives en el ático y tu casa no está bien aislada, te helarás en invierno y te achicharrarás en verano, a no ser que derroches la energía de tu vivienda.
- **Antigüedad del edificio.** Los muros de las construcciones anteriores al 1900 suelen ser gruesos, así que te aislarán perfectamente de la temperatura exterior, pero si tu casa se construyó a partir de 1950, como redujeron materiales y costes, el aislamiento será bajo o bajísimo. En las construcciones nuevas, depende. Nuestra casa actual tiene 25 años y los muros son bastante aislantes, pero en el piso anterior, que era de nueva construcción y decía ser eficiente, hacía un frío terrible en invierno y un calor abrasador en verano...
- **Superficies acristaladas.** Si el sol da a tus ventanas, en invierno tendrás la casa calentita, pero en verano será un horno, así que pon persianas o algo que aísle.

Eso viene de serie, no lo vas a cambiar, pero te voy a dar algunos consejos para que, sin gastar mucho, aumente tu sensación de confort en casa.

?

- Las fugas de aire por puertas y ventanas pueden hacer que gastes entre un 20 y un 25 % más energía.[6]

Para empezar, identifica por dónde entra o se va el calor. Una prueba fácil para saber si tus puertas están bien aisladas es la de la luz: búscate un amigo o amiga, pídele que salga de la habitación o de casa y cierra la puerta que vas a comprobar. Ahora enciende la linterna de tu móvil e ilumina la puerta. Si desde el otro lado ve la luz, no está bien aislada. En el caso de las ventanas y las cajas de persiana, mójate un dedo y pásalo por el marco: ¿notas aire? Ahí tienes otra fuga.

Si no vas a reformar tu hogar, la opción más fácil y barata es instalar burletes aislantes: unas tiras que se pegan en los bordes de puertas y ventanas. Además de aislar térmicamente tu casa, reducirás los ruidos y evitarás que entren el polvo y los bichos. Los encontrarás de espuma, goma, caucho o silicona. Sí, en este caso todos son plásticos, pero, si tengo que elegir, prefiero los de silicona: más duraderos y aislantes. Para aislar las puertas, encontrarás soluciones de estos materiales y de tela. Tus otros grandes aliados serán las cortinas, las persianas, los estores y las alfombras: reducen las corrientes de aire, calientan el ambiente y evitan la pérdida de calor. Todos los textiles que incluyas (cojines, mantas...) te permitirán aislar un poco más la estancia, ya que absorben parte del calor.

Si vas a comprar o alquilar una casa, mira bien las ventanas: las mejores son las de acristalamiento doble con marco de madera o de PVC, ya que llevan una cámara de aire entre los dos cristales que aísla más.

Muy distinto es si te das cuenta de que el aire se escapa por las cubiertas, el suelo, los techos o la fachada. Dos opciones: múdate o haz una reforma. Para la fachada, puedes optar por paneles aislantes de madera o corcho, o inyectar aislamiento en las cámaras (se hacen unos agujeritos y se introduce fibra de celulosa, más barata y ecológica que el poliuretano), lo que mejorará el aislamiento. Si el problema son las cubiertas (quizá vives en el ático), las mejores opciones son las planchas de arcilla expandida. Si el frío entra por el techo, los paneles de virutas de madera te ayudarán a combatir el problema. Estos son los beneficios ambientales y económicos que te ofrece un buen aislamiento térmico:

- Reducirás la emisión de contaminantes: necesitarás menos energía para calentar o enfriar tu casa.
- Bajará el consumo medio de energía en tu localidad.
- Si está bien aislada, reducirás tu consumo entre un 15 y un 60 %.

- En un piso mediano, según el aislamiento, ahorrarás entre 200 y 1.000 euros al año.
- En los pisos de nueva construcción, el aislamiento suele venir de serie.
- La inversión para cambiar las ventanas se amortiza en pocos años. La Administración ofrece ayudas y subvenciones.

Climatización

A todos nos gusta sentirnos bien en casa. Para combatir el frío o el calor, enciendes la calefacción o pones el aire, pero ¿es sostenible? Tanto los radiadores como las estufas y el aire acondicionado consumen energía, así que voy a darte algunos consejos para que gastes lo mínimo.

Por supuesto, dependerá de en qué zona de España vivas: si estás en un área fría, gastarás más calefacción, y si vives en la costa, quizá no tengas o no la uses, pero pondrás el aire acondicionado. Veamos qué puedes hacer para ser más sostenible.

Calefacción

Tanto si tienes radiadores como estufas, es mejor que estén debajo de las ventanas para que se distribuya el calor. No los cubras, y hazles un buen mantenimiento para alargar su vida: púrgalos una vez al año o instala boquillas de purgado, que son muy económicas.

No la pongas a más de 21 °C durante el día. Por cada grado que subas, gastarás un 7 % más de energía, lo que se reflejará en tu factura. De noche, apágala y tápate bien o déjala a entre 16 y 17 °C. Si tienes un termostato, lo mejor es que lo programes, no que te pases el día subiendo y bajando la calefacción a mano. Cada vez que la enciendes, gastas más energía, así que es mejor que averigües cuál es tu temperatura de confort y la dejes puesta.

Otra buena recomendación es que, mientras esté encendida, cierres las puertas y ventanas, y si tienes que ventilar, que lo hagas antes de encenderla. De noche, baja las persianas, o cierra las contraventanas, si tienes, y tu casa mantendrá el calor. De día, súbelas para aprovechar el efecto invernadero que se produce cuando el sol da en las ventanas. ¡Es la forma más barata y sostenible de calentar tu hogar! Si tienes un balcón o terraza acristalado, subirás la temperatura de tu casa gracias al efecto invernadero.

Si tienes que cambiar la caldera, opta por las de condensación o las de baja temperatura. Por otra parte, hay radiadores más eficientes que otros. Todo dependerá del tipo de energía que uses, verde o fósil.

Si puedes, sin duda, los suelos radiantes con colectores solares y la aerotermia son las opciones más sostenibles.

Termostato

Si no tienes termostato, te recomiendo que te hagas con uno. No son muy caros, su instalación no es complicada y, comparado con lo que ahorrarás, la inversión vale la pena. De esa manera, si sales de casa a las 7 de la mañana, puedes programar su apagado y que se encienda a las 7 de la tarde, antes de que llegues.

En la actualidad también hay termostatos inteligentes que puedes controlar desde el móvil. Son útiles los días que a las 7 de la tarde, en vez de volver a casa, quedas para tomar algo, por ejemplo. Como llegarás más tarde, desde el móvil puedes indicarle a tu termostato que ese día en concreto la calefacción no se encienda hasta más tarde.

Aire acondicionado

Por mucho que el calor apriete, no es necesario que te congeles en casa. La temperatura de confort en verano son 25 °C. Por cada grado menos, gastarás casi un 5 % más de energía. Además, si la casa está ventilada (de noche o a primera hora de la mañana), bajará su temperatura de forma natural y tendrás que usar menos el aire.

En las horas de calor, baja las persianas o cierra las contraventanas y mantendrás un ambiente más fresquito, y si tienes toldos o cortinas, échalos durante el día para evitar que el sol, al incidir en tus ventanas, cree efecto invernadero. Por otra parte, las plantas de interior refrescan el ambiente en verano. ¡No te olvides de regarlas!

Si tienes que comprar un aparato de aire acondicionado, fíjate en la etiqueta de eficiencia energética y elige la más alta que te puedas permitir. Hay distintos tipos de tecnologías, pero busca los que usen los refrigerantes menos dañinos para el planeta: el R32 es el más ecológico (tiene un 75 % menos impacto en el calentamiento global) y es fácil de reciclar. Veamos los beneficios ambientales y económicos de la eficiencia energética:

- La energía verde te ayudará a reducir tu huella ecológica.
- Cambiar tu vieja caldera por climatización ecológica o instalar un termostato preserva el medio porque la energía verde no gasta tantos recursos en su fabricación.

- Instalar y programar el termostato te hará ahorrar mucho en tus facturas.
- Busca la eficiencia en todos tus aparatos y tus facturas serán más bajas.
- Si reduces un 30 % la energía para climatizar tu casa, te ahorrarás unos 300 euros al año.

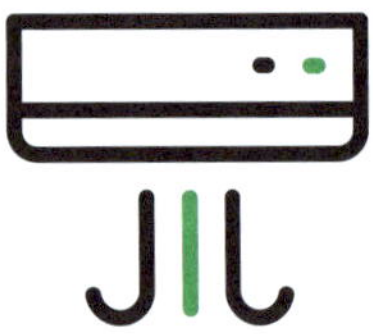

Aire limpio

A nadie le gusta tener en casa una atmósfera llena de humo y malos olores, así que solemos ventilar. Pero a veces, cuando lo hacemos, el aire que entra no es el mejor... En la actualidad, la contaminación es una de las grandes amenazas para la salud. ¿Has visto que, a veces, no dejan que circulen los coches más contaminantes en el centro de las ciudades? Suele hacerse cuando los niveles de contaminación son altos.

En casa, la cocina, la calefacción, las sustancias químicas de los productos de limpieza y las emisiones de algunos muebles pueden contaminar el aire interior, así que toca purificar el aire que respiras si quieres un hogar limpio y sostenible.

La primera acción totalmente gratis que puedes implementar para renovar el aire del interior es ventilar la casa cada día. Con 10-15 minutos es suficiente, no tienes que dejar abierto mucho rato. Hazlo a primera o a última hora del día.

?

- La contaminación atmosférica mata a 1 de cada 8 personas en todo el mundo por enfermedades respiratorias, cardiopatías, accidentes cerebrovasculares o cáncer, según la ONU.[7]

Si la contaminación es un problema en tu zona, te recomiendo los purificadores con filtros de partículas. Con ellos mejorarás el aire —polvo, pelo de animal, humo, virus, bacterias, polen...— en casa. Si alguna de las personas de la casa es alérgica o asmática, con estos aparatos conseguirás un aire libre de impurezas y malos olores. Algunos incorporan un sensor que mide el nivel de contaminantes en el ambiente para ajustar sus funciones de purificación según lo que detecten.

Ponlo en un lugar al que llegue aire, mejor en el centro de la habitación y cerca del suelo, pero a poca distancia de las ventanas, que es por donde entran las impurezas. Teniendo en cuenta la capacidad de la sala, elige el más adecuado y que responda mejor a tus necesidades. Por ejemplo, los portátiles puedes tenerlos en la zona de despacho durante el día y en el dormitorio de noche. Los encontrarás desde 30 euros.

El armario de la limpieza

En casa se acumula mucha suciedad: polvo, restos que metemos pegados a los zapatos o a las patitas del perro, polen o partículas que entran por las ventanas al ventilar, trozos de alimento que se te caen mientras preparas la comida, gotas de agua que deja el perro o el gato por el suelo al beber... Es imprescindible tener una buena rutina de limpieza. Y hacerlo de forma sostenible y saludable no solo es posible, sino que es muy sencillo.

El marketing lo ha hecho de fábula, nos ha colado un producto específico para casi cada rincón de la casa, pero lo que ha conseguido, además de vaciarnos el bolsillo, es cargarse un montón de microorganismos, y eso ha provocado que cada vez haya más alergias y enfermedades. Y ya te digo yo que no es necesario tener tantos productos: vinagre, bicarbonato y limón serán tus grandes aliados para la limpieza de tu hogar.

Como verás, la limpieza natural es más barata, segura, respetuosa con el medio y adaptable a tus necesidades y gustos.

Productos de limpieza

Los productos de limpieza que encontramos en el supermercado —vistosos, atractivos, y, la mayoría de ellos, innecesarios— y anuncian en la tele suelen venir en envases de plástico que acabarán en el vertedero. Además, están llenos de químicos agresivos, cloro, amoníaco, y son poco respetuosos tanto contigo como con el medio. Con eso no limpiamos, ¡esterilizamos! Muchos de sus ingredientes suelen ser tóxicos, ya que emiten vapores que pueden irritar los ojos, las mucosas, la piel y las vías respiratorias, y además cuesta reciclarlos. Muchos te indican en el envase que te pongas guantes ¡e incluso mascarilla para aplicarlos! Son un peligro tanto para la fauna acuática como para la calidad del agua. ¡Y sí, puedes evitarlos!

En la actualidad, la ley aún no se ha pronunciado por lo que se refiere a la seguridad y sostenibilidad de muchos de estos productos. Si entre sus ingredientes te encuentras con nombres kilométricos que no sabes pronunciar, mantente lejos de ellos. Una pista te la darán los símbolos que incluyen, que indican si son tóxicos, irritantes, inflamables, corrosivos o incluso ¡explosivos! Evita todos los productos que lleven estos iconos. ¿Qué indica cada uno?

Toxicidad aguda **(P1)**	Toxicidad sistémica **(P2)**	Corrosivos **(P3)**
Atención **(P4)**	Medioambiente **(P5)**	Explosivo **(P6)**
Imflamable **(P7)**	Comburente **(P8)**	Gases a presión **(P9)**

- Un hogar medio contiene más de 62 sustancias químicas tóxicas.[8]
- Según la Universidad de Harvard, el uso de desinfectantes una vez por semana puede aumentar hasta en un 32 % el riesgo de bronquitis crónica.[9]
- En muchos productos de limpieza se usan compuestos similares a los que se utilizan en las guerras químicas: nitrobenceno, metilcloroformo, ácido clorhídrico...

¿Quieres simplificar tu armario de la limpieza y quedarte con productos multiusos que tengan menos tóxicos? Vale, vamos a empezar por estos pasos:

1. Si acumulas productos que compraste hace mucho pero no los has vuelto a usar, llévalos a un punto limpio o a un lugar donde se entreguen residuos especiales.
2. No te quedarán muchos, ¿no? Si tienes un producto para cada cosa, no los tires. Utiliza lo que quede y, cuando se acabe del todo, recicla el envase.
3. Deshazte de:

    * Desinfectantes y antibacterianos: buenos para un quirófano, demasiado para tu casa.
    * Productos con aromatizantes: ambientadores, detergentes, incluso papel higiénico perfumado. Contienen muchos químicos.
    * Limpiadores para el WC: llevan fenoles, compuestos clorados y ácidos.
    * Limpiahornos, que son corrosivos.
    * Desatascadores químicos: tienen ácidos dañinos para tu salud y el medio.
    * Productos con blanqueadores y tensoactivos: dañan la fauna acuática.
    * Insecticidas: contienen sustancias químicas tóxicas (es decir, veneno).

¿Y qué elegir cuando ya he acabado los que tengo en casa? Hay varias opciones. Si quieres comprarlos hechos, busca opciones a granel o en envases sostenibles, como papel o plástico reciclado y reciclable. Decántate por las opciones ecológicas multiusos de empresas responsables, con ingredientes respetuosos con la fauna, la flora y contigo. Si quieres convertirte en alquimista y hacerte tus propias mezclas, como nosotros, en casa mezclamos productos caseros con otros comprados de algunas marcas y proyectos que nos encantan y queremos apoyar.

Al limpiar, se suelen usar muchas cosas para que todo quede reluciente: escoba, fregona, bayeta, papel, estropajos... Algunos tienen plásticos o derivados del petróleo no biodegradables que, al lavarlos, pueden soltar microplásticos. Aquí te dejo algunas opciones que te servirán cuando se gaste lo que tienes:

- Escoba de cerdas naturales.
- Fregona de algodón lavable en lavadora.
- Bayeta de algodón orgánico o celulosa.
- Trapos de tela en lugar de papel.
- Estropajos de lufa o de celulosa y fibras vegetales, como el coco.
- Cubo y recogedor de metal o acero inoxidable.

Limpieza casera

Cualquiera puede fabricar productos de limpieza básicos: son eficaces y casi inocuos para el medioambiente. Muchos de los limpiadores que voy a presentarte tienen la misma base, así que no te costará prepararlos. Estos son mis indispensables, los que no pueden faltar para que tu casa quede como los chorros del oro. Si puedes, cómpralos a granel cerca de casa, para apoyar el comercio local:

- **Vinagre de limpieza.** Empiezo por el que, para mí, es imprescindible. Lo compro en garrafas porque lo uso para casi todo. Es antibacteriano, elimina la grasa y quita las manchas. Perfecto para toda la casa: tiene baja toxicidad y es biodegradable.
- **Bicarbonato de sodio.** Este estupendo abrasivo natural absorbe los olores. Compra el alimentario y así te servirá también para preparar ricos bizcochos.
- **Percarbonato de sodio.** Es un blanqueante natural que sirve tanto para las juntas de las baldosas como para

la ropa. Puedes usarlo como quitamanchas, ya que no decolora, y como suavizante. Es un básico en mis lavadoras blancas y de pañales de tela.

- **Jabón de Castilla.** Se vende en pastilla y en formato líquido. Está elaborado con aceites vegetales y es muy efectivo para limpiar y eliminar la grasa.
- **Ácido cítrico.** Este limpiador natural desengrasa y desincrusta. Es ideal para disolver la cal y retirar el óxido y la suciedad de electrodomésticos y sartenes.

Algunos ingredientes extra que se suelen usar en algunas recetas son:

- **Aceites esenciales 100 % puros.** Aromatizan el hogar de forma natural. Como son concentrados, úsalos diluidos y en gotas. Si quieres, combínalos para hacer tu propia mezcla. Además, tienen propiedades fantásticas.
- **Aceites.** Prefiero el de oliva y el de coco, que uso para cuidar la madera o preparar fórmulas corporales.
- **Cítricos (limón, naranja, lima...).** Su ácido elimina la cal, desinfecta, quita las manchas (estupendo para la ropa del bebé), te ayudará a limpiar ollas quemadas y aporta un aroma refrescante. No tires la piel, también sirve.
- **Agua oxigenada.** Antiséptico y desinfectante natural superseguro. Es lo mejor para limpiar la sangre de las copas menstruales y compresas de tela.
- **Alcohol de 70°.** Tiene poder antiséptico y mata los gérmenes.
- **Aloe vera.** Si tienes la planta, su gelatina te servirá para preparar recetas. En caso contrario, cómpralo en bote. Tiene propiedades relajantes y calmantes, y es ideal para desinfectarse las manos.
- **Sal Epsom.** Además de que es perfecta para el baño, neutraliza la dureza del agua.

Para limpiar de manera sostenible, te recomiendo que tengas en casa:

- Aerosoles de plástico reutilizados o de cristal.
- Tarros de cristal herméticos.
- Cuencos.
- Gomas elásticas.
- 1 cepillo de dientes gastado.
- 1 cepillo de cerdas naturales duras.
- 1 esponja de lufa.
- Trapos de limpieza.
- Papel de periódico.

Mis recetas

Baño

Limpiador diario de inodoro, ducha/bañera y lavabo

Ingredientes

- Vinagre blanco o de limpieza
- Aceite esencial de limón o vinagre aromatizado con cáscara de limón

Elaboración y modo de empleo

1. En el difusor, mezcla el vinagre con unas gotas de aceite de limón.
2. Rocíalo en las zonas que quieras limpiar y déjalo actuar unos minutos.
3. Pasa un paño húmedo por las superficies rociadas.

Limpiador de cristales y espejos

Ingredientes

- Vinagre blanco o de limpieza
- Agua

Elaboración y modo de empleo

1. Mezcla el vinagre con el agua en un aerosol a partes iguales y remueve bien.
2. Aplícalo sobre cristales y espejos, y límpialo con papel de periódico para un acabado perfecto.

Eliminador de cal: alcachofa de la ducha o grifos

Ingredientes

- Vinagre blanco o de limpieza
- Un recipiente o una bolsa de plástico
- Una goma

Elaboración y modo de empleo

1. Pon la alcachofa de la ducha en un recipiente lleno de vinagre o coloca la bolsa llena de vinagre en la boca del grifo y ajústala con la goma.
2. Deja reposar toda la noche y enjuaga con agua al día siguiente.

Limpiador intensivo de ducha y bañera

Ingredientes

- Vinagre blanco o de limpieza
- Bicarbonato de sodio
- Jabón de Castilla líquido

Elaboración y modo de empleo

1. Pulveriza el vinagre en las zonas sucias y deja que penetre durante al menos 30 minutos.
2. Mientras, mezcla el bicarbonato y el jabón en un cuenco hasta que se haga una pasta.
3. Aplica la mezcla donde ha penetrado el vinagre y frota con un cepillo o esponja.
4. Enjuaga la ducha o bañera con agua limpia.

Desatascador intensivo del desagüe

Ingredientes

- Tu aceite esencial (al gusto)
- Vinagre blanco o de limpieza
- Bicarbonato de sodio
- Agua hirviendo

Elaboración y modo de empleo

1. Pon varias gotas de aceite esencial en el desagüe para darle aroma.
2. Echa el bicarbonato y, a continuación, el vinagre. Déjalo reposar 15 minutos.
3. Vierte agua hirviendo por el desagüe.
4. Para acabar de limpiarlo, echa agua fría.

Pastilla espumosa para el WC

Ingredientes

- 225 g de bicarbonato de sodio
- 75 g de ácido cítrico
- Ralladura de naranja/limón/lima (al gusto)
- 25 gotas aceite esencial (al gusto)
- Agua
- Un bol
- Un tarro

Elaboración y modo de empleo

1. Mezcla en un bol el bicarbonato, el ácido cítrico y la ralladura de cítrico.
2. Añade el aceite esencial y mézclalo todo bien.
3. Con cuidado, ve añadiendo agua para que se forme una masa húmeda, no empapada.
4. Reparte la masa en moldes (sin que queden burbujas) y déjala reposar 12 horas.
5. Sácalas del molde y guárdalas en un tarro. Duran unos 3 meses.
6. Échalas al WC, deja que actúe unos minutos y límpialo con la escobilla.

Toda la casa

Limpiador multiusos

Ingredientes

- Agua
- Vinagre de limpieza
- Aceite esencial (al gusto)

Elaboración y modo de empleo

1. Mezcla el agua con el vinagre a partes iguales.
2. Añade unas gotas del aceite esencial que elijas.
3. Pulveriza sobre las superficies y limpia con un trapo de tela.

Limpiador para suelos

Ingredientes

- Agua
- Vinagre blanco o de limpieza
- Aceite esencial (al gusto)

Elaboración

1. Llena un cubo de agua y añade un buen chorro de vinagre de limpieza y unas gotas de aceite esencial.
2. Friega el suelo con la mezcla.

Lavar la ropa

Cada vez son más las opciones disponibles listas para usar que son respetuosas con el medioambiente y con el cuerpo. Nosotros solemos ir variando entre jabón concentrado líquido a granel, jabón líquido en cápsulas o jabón casero hecho con pastilla sólida, según el momento. Para la ropa de la peque, al principio cogí uno de una marca ecológica, pero, cuando se gaste, nos pasaremos a uno a granel sin perfume que también usaremos para nuestra ropa. Para los pañales de tela, usamos uno en polvo apto para pañales. Como ves, hay opciones para todas las necesidades. Lo importante es asegurarse de que sea respetuoso con el medioambiente, que no contenga tóxicos y que venga en envase sostenible o a granel.

Sobre el suavizante, mejor evítalo, ya que no es bueno para la ropa. Si en tu zona hay mucha cal, añade un chorrito de vinagre de limpieza o ácido cítrico en el cajetín. Para blanquear, hay jabones con carbón activo naturales, pero con añadir una cucharada de percarbonato al cajetín del detergente y luego tender al sol, saldrá todo.

Aquí te dejo un par de recetas, por si quieres hacer tu propio jabón:

Jabón líquido para todo tipo de ropa (no delicada)

Ingredientes

- 140 g de escamas de jabón natural
- 3 l de agua
- 1 vaso de bicarbonato de sodio
- 1 envase para guardarlo

Elaboración y modo de empleo

1. En una olla, pon las escamas de jabón y el agua.
2. Caliéntala y deja que se derrita el jabón removiendo de vez en cuando.
3. Cuando esté a punto de fundirse, añade el bicarbonato. Mezcla y aparta del fuego.
4. En cuanto llegue a temperatura ambiente, viértelo en el envase, y ya estaría listo para usar.

Jabón en polvo para ropa blanca

Ingredientes

- 200 g de escamas de jabón natural
- 75 g de bicarbonato de sodio
- 150 g de percarbonato sódico
- 1 frasco de vidrio con tapa

Elaboración y modo de empleo

1. Mezcla los ingredientes a mano o con un robot de cocina.
2. Guárdalo en el frasco bien cerrado.
3. Añade 2 cucharadas en el cajón de la lavadora en cada lavado.

Ambientadores

El olor a limpio es que huela a nada, no lo que nos han hecho creer con los perfumes artificiales. Si quieres que tu casa huela a algo más que a limpio, usa velas naturales de soja, incienso, aceites esenciales...

Los aceites esenciales puedes ponerlos en difusores de aroma o humidificadores, objetos de madera natural que irán soltando el aroma o en *mikados* diluidos en aceite.

Para las velas, solo con tenerlas abiertas ya huelen, dado que las de soja cogen el olor y lo retienen más que las de parafina. También puedes optar por quemadores: tienen un funcionamiento parecido al de las velas, pero otro formato.

Puedes hacer un ambientador casero para usar en espray por toda la casa: elige tu base aromática (cítricos, caléndula, romero, lavanda, vainilla...) y sigue mi receta:

Vinagre aromático

Ingredientes

- Vinagre blanco
- Cáscaras de cítricos, plantas aromáticas, flores de olor o aceites esenciales concentrados
- Tarro o bote de cristal y pulverizador

Elaboración

1. Mete las cáscaras de cítricos o plantas aromáticas en un bote de cristal.
2. Llena el bote de vinagre blanco hasta que las cubra y deja que maceren durante 6 días.
3. Cuela la mezcla y pásala a un pulverizador.
4. Si optas por los aceites, añade unas gotas al pulverizador lleno de vinagre.

Separación de residuos y circularidad

Cada vez somos más los que separamos los residuos, ¡y menos mal! Para mí, tendría que ser una práctica adoptada en todas las casas. En algunos países está supernormalizado, tanto que no hacerlo está mal visto, pero España aún está a la cola. Poco a poco, vamos apostando por el consumo responsable y el respeto por el medio, así que cada vez hay más gente implicada. Tú, que tienes conciencia ambiental, espero que en casa separes la basura —orgánico, vidrio, papel, envases...— y tires cada material por separado. Quizá incluso hayas visitado el punto limpio de tu localidad o sepas dónde está, por si lo necesitas. Si es así, estás haciendo un gran trabajo.

?

- Según Ecoembes, en España, cada persona genera al año unos 460 kg de residuos urbanos.[10]

Pero si quieres ser sostenible, no puedes quedarte aquí. La sociedad nos empuja a llevar una economía lineal de usar y tirar que consume un montón de energía en la fabricación de productos que contaminan al desecharlos, así que te animo a pasarte a una economía circular, de la que te hablaré más adelante.

El rincón del reciclaje

La separación de residuos se ha convertido en una forma de vida. Si destinas una zona de tu casa a ello, no solo estarás siendo sostenible tú, sino que crearás conciencia en todos los que vivan contigo, incluso en los amigos y familiares que te visiten. Tu papel es importante: con tu ejemplo, puedes lograr que cada vez seamos más responsables con el planeta. En el mercado encontrarás soluciones para clasificar los residuos en poco espacio y por poco dinero.

?

- Según un estudio de la EAE Business School, en España, el 56,7 % de los residuos acaban en el vertedero o la incineradora y solo se recicla el 43,3 %, así que estamos lejos del 65 % al que tenemos que llegar en 2035, según el Parlamento Europeo.[11]

En un mundo que nos invita a comprar sin mesura, es muy difícil contenerse, pero si piensas en el planeta y en tu bolsillo, ¡lo conseguirás! El consumo masivo no ha hecho que vivamos mejor: ha provocado una cadena de desperdicios que no son sostenibles para nosotros ni para el planeta.

Como irás viendo en el libro, puedes poner tu granito de arena para reducir los residuos y depender menos de los recursos naturales: compra de forma responsable (elige el comercio local y opciones sostenibles), separa los residuos en casa, reutiliza lo que puedas para alargar su vida, opta por la segunda mano y repara, si algo se estropea. Uno de los mayores retos a los que nos enfrentamos es reducir la cantidad de residuos que generamos por persona al año. Cada español produce 453 kg de residuos al año (1,2 kg al día). Tenemos cierta inclinación al desperdicio: comida que ha sobrepasado la fecha de consumo preferente, aparatos electrónicos que no arreglamos, tiramos ropa en vez de coserla...

Papel y cartón (contenedor azul)

Junto con las botellas, el reciclaje de papel y cartón es el que está más asentado en las casas españolas. Si te fijas, el contenedor azul siempre está lleno. Esto también se debe a la cantidad de productos que vienen en cajas de cartón, por supuesto. En lugar de reducir, hemos cambiado el plástico por papel y cartón para ser más sostenibles, lo cual sigue siendo un residuo de un solo uso que necesita muchos recursos para producirse. Lo principal es que reduzcas su consumo: usa las dos caras del papel cuando escribas, evita los productos con envase de cartón, opta por opciones a granel, pide las facturas y tickets de compra *online* o descárgalos en tu *app*, lleva tus bolsas, tanto grandes como pequeñas, para evitar las del supermercado o las tiendas...

Otra opción es que reutilices el papel. En Pinterest encontrarás un montón de ideas y, si tienes hijos, crearéis momentos únicos: haz adornos, usa los periódicos y las revistas para envolver regalos, prepara tu propio papel reciclado, haz juguetes para tus mascotas, usa las cajas para almacenar...

Si tienes que comprar papel, elige el 100 % reciclado que es compatible con todas las impresoras y fotocopiadoras, y trata de evitar el de color blanco, ya que se usa cloro y sustancias químicas para blanquearlo.

Un dato que no mucha gente sabe es que las servilletas con restos de comida no se pueden reciclar, al igual que las cajas de pizza con restos de grasa o queso. Ambas van al cubo del orgánico.

Envases (contenedor amarillo)

Estos son los residuos más abundantes en la mayoría de las casas. ¿Por qué? ¡Pues porque casi todo viene en envases! El primer paso sería reducir su compra, ya que así evitarás tener que tirarlos. Aquí te dejo algunos truquitos para que reduzcas la cantidad de envases en casa:

1. **Olvídate de las bolsas de plástico.** Si vas a comprar, lleva una de tela, un cesto o el carro. Si tienes bolsas de plástico de compras anteriores, reutilízalas.
2. **Compra a granel harina, pasta, legumbres, especias, arroz...** Hay tiendas que venden productos de limpieza a granel. Si llevas tu envase, te hacen descuento.
3. **Evita los productos sobreempaquetados.** Por ejemplo, la fruta cortada o las verduras en bandejas de poliespán.
4. **No compres botellas de plástico.** Acostúmbrate a beber agua del grifo de una botella rellenable de vidrio o acero inoxidable. Si sales a comer, pide agua del grifo, que además es gratis.

5. **Reduce el uso de papel film y papel de aluminio.** Opta por las opciones que encontrarás en el capítulo «La cocina», (pág. 151).
6. **Evita los táperes de plástico.** Si ya los tienes, úsalos, pero si los has de comprar, opta por los de cristal o usa tarros reutilizados.
7. **Comprueba tus cosméticos y productos de higiene.** Opta por los que no tengan microplásticos —y por las versiones sólidas en vez de las líquidas.
8. **Elige materiales biodegradables:** peines de madera, cubiertos de acero inoxidable, esponjas de celulosa...
9. **Evita todo lo que sea de «usar y tirar» siempre que puedas.**

Si hasta ahora no seguías estos consejos, no te obsesiones: si lo tienes en mente, será más fácil que, entre dos productos, elijas cuál dejarás entrar en casa. La cuestión es ir cambiando de hábitos poco a poco.

Te recomiendo que busques un sitio en casa para depositar los envases y, cuando esté lleno, los lleves al contenedor de tu barrio. Puedes tirar envases de alimentos, latas, briks, papel de aluminio hecho una bola si está limpio, sobres de sopa... Si dudas con algún producto, consulta dónde reciclarlo en la página de Ecoembes. Por ejemplo, hay gente que tira los briks al papel, pero, como son envases de distintos materiales, van al contenedor amarillo.

Como en el caso del papel, otra forma de reducir el consumo de envases es reutilizarlos. Yo uso los briks de bebida vegetal como semilleros cuando llega la época de plantar.

Si tienes que comprar algo en envase de plástico, siempre puedes guiarte por esta lista para saber si es más o menos fácil reciclarlo. Encontrarás el nombre o el numerito correspondiente en el envase:

- Fácil: PET (1), HDPE (2).
- Posible: LDPE (4), PP (5).
- Difícil: PS (6).
- Muy difícil: PVC (3), otros (7).

Vidrio (contenedor verde)

Antiguamente, cuando alguien iba a comprar leche, vino, aceite… se llevaba un envase para que se lo rellenaran, y en los años setenta y ochenta era común que, cuando comprabas refrescos en botellas de vidrio, tenías que devolver el casco, como se hace ahora en los bares: pagabas un poco más por la bebida, pero luego te devolvían el importe. Con la política de envases retornables, las empresas los reutilizaban y se aseguraban una mejor circularidad de estos. De un tiempo a esta parte, el reciclaje ha pasado a ser nuestra responsabilidad, y no me parece justo, ya que en muchos casos no tenemos alternativa.

Si piensas en reutilizar los envases, puedes hervirlos para esterilizarlos y usarlos para almacenar. Ahorrarás en botes y quedarán muy bonitos en la despensa. Guarda conservas, arroz, sal, azúcar… Si los vas a reciclar, quítales la tapa, que va al contenedor amarillo.

Muchos de los productos que encontrarás en el súper se venden en botes de cristal. Personalmente, elijo esos para reducir la cantidad de envases en casa y porque luego los reutilizo para lo que compro a granel, como táperes o para organizar cajones.

Aceite (contenedor naranja)

En España, tierra de aceite por excelencia, hay mucha gente que usa el «oro líquido» (y más al precio actual) para freír y... ¡lo tira por el fregadero o al váter! El aceite usado produce mucho daño al medioambiente si no se recicla: puede atascar las tuberías y las alcantarillas, contamina ríos y océanos, y daña los ecosistemas fluviales y marinos.

?

- Un litro de aceite usado puede llegar a contaminar un millón de litros de agua.[12]

Existen varias opciones para reutilizar el aceite usado: hacer jabones para la ropa o velas, engrasar las bisagras de casa que chirrían, proteger los muebles...

Para reciclarlo, siempre que no sea aceite de motor, la mejor opción es llevarlo a un punto limpio envasado en cristal. En algunas ciudades hay contenedores para aceite u ofrecen envases específicos para que llevarlo al punto limpio. Cuando se recicla, puede usarse para biodiésel, por ejemplo.

Orgánico (contenedor marrón)

Para mí, este es el cubo más importante, en el que más incido: en los vertederos, los residuos orgánicos no se descomponen, sino que se convierten en gases de efecto invernadero, como el metano. Si los separas y los llevas al cubo de basura orgánica, serán compostados y convertidos en tierra que luego servirá para nutrir de nuevo el suelo, o incluso se pueden usar para biodiésel, como fuente de energía.

También puedes hacer tu propio compost en casa y utilizarlo para nutrir tus plantas, como verás en el capítulo «El balcón, la terraza y el jardín» (págs. 235-236).

Comprueba en tu ayuntamiento qué puedes tirar al contenedor orgánico y qué no, pero aquí te dejo algunos productos generales:

Sí ✓

- Restos de verduras y frutas
- Papel y cartón sin tintes
- Flores y plantas
- Cáscara de huevo
- Posos de café y té
- Restos de comida
- Cartones de pizza manchados
- Servilletas usadas
- Tapones de corcho y palillos de madera
- Restos del jardín

No ✗

- Servilletas con mucho aceite
- Caca de animales y arena de gato
- Restos de barrer
- Pelo
- Aceite usado
- Cápsulas de café
- Productos de higiene personal: tampones, toallitas, pañales...
- Cerámica
- Pañuelos usados
- Cenizas

Resto de basura (contenedor gris)

Si todo tiene su lugar en el reciclaje —papel y cartón, azul; vidrio, verde; envases, amarillo; restos orgánicos, marrón—, puede que me preguntes: «Laura, ¿y qué se tira en el contenedor gris de toda la vida?». Pues todo lo que no se pueda reciclar: pañales usados, papel higiénico usado, compresas, toallitas húmedas, chicles, colillas, cerámica rota, cristal…

Las pilas de un solo uso tienen su propio contenedor, y los medicamentos caducados o material sanitario, como las agujas, se tienen que llevar a las farmacias, donde hay cubos para ello.

La ropa y otros artículos textiles, además de los zapatos y accesorios, tienen su propio contenedor. Allí se recogen, se clasifican y se reutiliza lo que se puede. Si no encuentras un contenedor cerca, llévalo al punto limpio de tu localidad.

Otros artículos como electrónica, muebles, pinturas… hay que llevarlos al punto limpio para que se separen adecuadamente.

Economía circular

Como reza el dicho, ahorra el que menos gasta. Si eres consciente de lo que compras y de la vida útil que puede tener ese producto, podrás optar por el que te guste, dure más y, al final de su vida útil, puedas darle otra vida. La fabricación de cualquier producto tiene un coste ambiental, así que, para minimizarlo, la economía circular promueve la optimización de los materiales y residuos.

Por eso es tan importante que, como verás en cada una de las estancias de tu hogar, todo lo que tengas esté pensado para reutilizarse, renovarse, reacondicionarse y, al final, reciclarse. Da igual que sea un mueble, un objeto de decoración, un utensilio o la toallita para limpiarte la cara. Todo pequeño gesto influirá para que tu casa sea más sostenible. Siempre que puedas, opta por la segunda mano, tanto para vender lo que no uses como para comprar algo que necesites.

Los muebles más sostenibles siempre son los que ya tienes: repararlos o darles una nueva vida minimiza la cantidad de residuos, y encima es entretenido. Regalar lo que ya no necesitas también es bueno, tanto para ti como para el planeta: cuida de lo tuyo, pero si ya no lo quieres, ofrécele una vida larga y productiva. A la hora de comprar, opta por artículos hechos con materiales reciclados, para fomentar aún más este mercado y evitar el uso de materias primas nuevas.

A lo largo del libro te iré dando más *tips* para que tengas un estilo de vida más circular.

2. El salón comedor

Es noche de cena con amigos, y hoy toca en su casa. Te vistes, coges el detallito que les has comprado y sales de casa pensando en lo bien que lo pasarás. Llamas al timbre y, sonrientes, te abren y os dirigís al salón. La estancia es superacogedora, con luces tenues, velas, música suave de fondo y una mesa con elementos naturales. Según la decoración, el olor, los colores, las luces y el ambiente, sabrás si la casa es acogedora, qué gustos tienen e incluso si son o no sostenibles.

En esta habitación recibes visitas y pasas buenos ratos comiendo y charlando, pero también te tumbas en el sofá a disfrutar de tu serie favorita o te relajas a leer un buen libro (¡como este, je, je!). Es el sitio perfecto para estar en familia, un espacio para socializar. Si logras que sea sostenible, tendrás el salón comedor de tus sueños sin arruinarte.

Como en otras estancias, es importante que la amuebles y decores con cabeza. Primero, ten en cuenta el espacio del que dispones. Si es pequeño, no lo recargues y opta por muebles multifuncionales. ¿Hay algo que ya no uses? Antes de ponerte a cambiarlo todo, simplifica. Tratar de ser más sostenible te ayudará a controlar el consumo y conseguirás un espacio ordenado que se verá más grande. ¡No lo llenes!

?

- Según la ONU, si todo sigue como hasta ahora, en 2050 habrá 9.700 millones de personas en el mundo. Imagina la importancia que tiene ser sostenible.[13]

En la mayoría de las casas, estas dos zonas están en una misma habitación, así que las trataré como si fueran una sola. Si tienes el comedor por un lado y el salón por otro, no te costará aplicar mis consejos a cada una de estas habitaciones.

Paredes, suelos y ventanas

Estos aspectos ya los has visto en el primer capítulo, pero en este apartado los vamos a aplicar al salón. Por ejemplo, es mejor usar pinturas de origen vegetal o mineral: arcilla, cal de silicato potásico o cola vegetal. Evita las que contienen látex o las producidas con COV. En esta zona pasarás mucho tiempo, así que, cuanto más natural sea el ambiente, mejor. Si la pintas con efecto cal o arena, conseguirás un estilo muy original y natural.

En cuanto al color, lo mejor es que te decantes por los tonos neutros, cálidos o tierra, ya que aportan calidez y serenidad, además de que, si tu salón es pequeño, parecerá más grande. Son fáciles de combinar, así que podrás darle tu toque con la decoración que elijas en tonos más intensos.

Por lo que se refiere al suelo, encontrarás toda la información en el capítulo «Cuestiones generales» (págs. 31-32), pero recuerda que cuanto más naturales sean los materiales, mejor para tu salud y la del planeta. Si no vas a cambiarlo, cuídalo al máximo para que dure todo lo posible.

En esta zona, las ventanas son muy importantes. Ya sean pequeñas o una cristalera doble que dé al balcón o la terraza, recuerda que si no cierran bien, el calor se escapará. Si vas a cambiarlas, instala unas que aíslen tanto del ruido como de la polución y la temperatura exterior. Pero siempre puedes reforzarlas, como hemos hecho en casa, cambiándoles las gomas a las juntas, una solución supereconómica. Así evitarás que entren el frío, el calor y la suciedad. Por el cajón de la persiana también puede irse el calor, así que si quieres una solución muy barata, compra láminas aislantes que se colocan por el interior.

- En invierno, ventilando cinco minutos dos veces al día renovarás el aire.
- En verano, si ventilas de forma natural, conseguirás una refrigeración eficiente que te permitirá limitar el uso del aire acondicionado.

La calefacción se lleva gran parte del sueldo. Menos mal que solo la usamos en invierno, aunque este año nos ha hecho falta... ¡hasta casi mayo! En una vivienda antigua, además de que las soluciones de aislamiento no serán las más eficientes, el sistema de calefacción tampoco lo será, así que la factura subirá de forma exponencial, y con el precio al que está la energía, la calefacción casi es un lujo... Así que te voy a dejar algunas recomendaciones que yo pongo en práctica desde siempre en casa:

- **Abrígate en vez de subir la temperatura de la calefacción**. En mi casa siempre hemos tenido batas calentitas para todos. Incluso en Málaga que, como no hay calefacción, más te vale abrigarte cuando te levantas temprano por la mañana. También sirve ponerte una sudadera o un jersey durante el día.
- **Ten siempre mantas a mano**. No solo son ideales como decoración, sino que hacen una función muy importante: abrigarnos cuando hace frío. Nosotros tenemos dos o tres mantas en el salón para abrigarnos mientras estamos tumbados en el sofá.

El tipo de calefacción que tengas afectará a la decoración de esta estancia, ya que puede que haya radiadores, suelo radiante o una bonita chimenea. Tenlo en cuenta a la hora de distribuir los muebles.

Para mí, tener chimenea en casa es un sueño cumplido. Pasar las horas leyendo delante con un té calentito en otoño o viendo caer la nieve en invierno es maravilloso. En Málaga,

mis padres tienen una en casa y, aunque no hace el frío del norte, como no tienen calefacción, apetece mucho encenderla los días más fríos y calentarse al fuego. Si, como nosotros, quieres decantarte por una chimenea, mejor con puerta para evitar que salga la suciedad y el humo hacia fuera. Si ya la tienes y es abierta, mantenla en buenas condiciones y ve con cuidado: no olvides limpiar y sellar el tiro para garantizar su eficiencia y no perder calor, y asegúrate de que esté bien ventilada. Nosotros, para ahorrar calefacción, tenemos un mecanismo que sube el calor de la chimenea a las habitaciones de la planta de arriba.

Te recomiendo que no quemes carbón o turba, sino leña seca de tala sostenible y, si puede ser, de proximidad.

Si tienes calefacción, otro elemento que se suele encontrar en el salón comedor es el termostato. Programarlo de manera eficiente puede hacer que ahorres mucho dinero. Léete las instrucciones y prográmalo según tus necesidades. Si lo tienes que instalar, hazlo en una habitación que represente la temperatura del hogar, ni muy grande ni muy pequeña, para no regularlo mal. Nosotros lo tenemos en una de las habitaciones de arriba, la que será mi despacho y cuarto de invitados.

- Si bajas un grado la temperatura, ahorrarás entre un 7 y un 11 % de energía.[14]
- Durante el día, prográmalo a 18-21 °C. Mientras duermes, 16 °C son suficientes.
- Según la Oficina Verde de la Universidad de Zaragoza, si de noche bajas la temperatura a 16 °C en vez de dejar la casa a 20 °C, ahorrarás casi un 13 % en la factura.[15]

Mientras no estás en casa, no dejes la calefacción encendida: con una temperatura de confort de 15-16 °C es suficiente, y para eso sirve el termostato. Puedes programarlo para que se encienda antes de que vuelvas y que se vaya calentando la casa. En el mercado encontrarás termostatos inteligentes con los que podrás controlar la temperatura de tu casa desde el móvil.

Iluminación y sonido

Estos dos elementos son fundamentales para crear el salón de tus sueños: en la esquina, una lámpara de pie de lectura con una luz cálida, unas velas encendidas sobre la mesa de centro, una lámpara colgante con tres focos que iluminan suavemente la mesa del comedor, un poco de jazz de fondo mientras cenas o una película que pareciese que estás viéndola en el cine porque el sonido te envuelve. El ambiente es perfecto, y muy económico y sencillo de recrear.

Iluminación

Como ya sabes, opta por bombillas led de bajo consumo para todas las luces de casa. Como he comentado, las encontrarás en *pack* de dos por menos de 2 euros. En cuanto a la distribución de los puntos de luz para que tu salón sea lo más acogedor posible, la clave está en identificar qué actividades harás en esta estancia para elegir la iluminación adecuada en cada caso y combinar las soluciones. El color o calidez de la luz dependerá de tus gustos, pero, en general, te recomiendo la luz cálida y suave.

Como en otras habitaciones, durante el día opta por la luz que entra por las ventanas y, cuando oscurezca, estas cuatro opciones que te ayudarán a crear ambiente:

- **Iluminación general.** Aporta luz uniforme al espacio. Usa una lámpara de techo, colgante o de araña que suavice los contrastes.
- **Iluminación directa.** Concentra la luz en un área para que puedas comer, leer, estudiar, trabajar... Su intensidad no tiene que ser muy alta, para que no te canses. Las lámparas de ratán son una opción con mucho estilo.
- **Iluminación ambiente.** Suaviza los contrastes entre las dos anteriores y crea un espacio acogedor. Usa lamparitas con pantalla de papel o vidrio, guirnaldas o ilumina tus cuadros. Si tienen regulador de intensidad, ahorrarás y crearás el ambiente perfecto en cada momento. Aquí también se pueden incluir las velas, que aportan calidez y algo de luz. En este caso, elige las de cera de soja: no son tóxicas y duran más.
- **Iluminación integrada.** Es la luz que puedes poner en el interior de los armarios, muy útil para encontrar lo que buscas.

Si las combinas, la iluminación generará el espacio que quieres en tu salón comedor. Si buscas el orden por encima de todo o no tienes enchufes cerca y odias los cables y las regletas, puedes optar por lámparas o bombillas inteligentes, que suelen ir con pilas o ser recargables por USB. Si son de pilas, elige las recargables, ya que ayudarás al planeta y a tu bolsillo al mismo tiempo.

Sonido

Ya sea para escuchar música o ver una película como si estuvieses en el cine, si añades un altavoz wifi o bluetooth, podrás crear tu banda sonora en cualquier momento. Desbloquea el móvil y manda tu lista favorita para crear el ambiente que quieras.

- La música hace que un hogar sea más acogedor, según Euroinnova.[16]

Y para terminar de crear el ambiente ideal en tu salón, rocía tu ambientador casero y tendrás el espacio que siempre has querido en tu casa.

Muebles y sofás

Supongo que ya sabes con qué muebles te vas a quedar, a cuáles les darás otra vida y cuáles serán los que tengas que comprar. Si no es así, lo primero es que te plantees qué necesitas y te hagas algunas preguntas:

1. **¿Lo vas a usar mucho?** Si no lo sabes, espera hasta que tengas más claro cómo quieres tu espacio.
2. **¿Puedes arreglarlo?** Si tu mueble está roto, plantéate arreglarlo antes de tirarlo, venderlo o donarlo.
3. **¿Puedes comprarlo de segunda mano?** A veces no es necesario que sea nuevo. En el mercado de segunda mano encontrarás verdaderas joyas.
4. **Si tienes que comprarlo, ¿has buscado empresas sostenibles?** Ayudarás a crear demanda de sus productos fabricados de forma ética.
5. **¿Te gusta?** Por mucho que tu abuela se empecine en regalarte el sofá de la casa del pueblo o la vitrina de la tía Juana, no aceptes si no va contigo, a no ser que quieras tunearlo. No llenes el espacio por llenarlo o por hacer un favor, que ya sabemos cómo acaba la casa si no. El amor a los demás empieza por uno mismo.

Una vez hecho esto, es el momento de diseñar el espacio con cada mueble en su lugar. Para mí, la mejor forma de hacerlo es probando cómo quedan. Si ya los tienes en casa, distribuye una y otra vez los muebles, y si te da pereza, haz un montaje en el móvil. Ten en cuenta que una casa no se construye en una semana. No hace falta que lo tengas todo para entrar a vivir: puedes empezar con lo esencial y, con el tiempo y viviendo en la casa, ya verás qué necesitas o encontrarás ese tesoro que quieres poner en tu espacio.

Muebles

Te recomiendo que busques muebles de tonos neutros que aporten luminosidad al salón comedor, y más si no entra mucha luz natural: arena, beige, gris, blanco roto, madera... El espacio se verá amplio y te transmitirá calma. Respecto a los materiales, opta por los más naturales. Y recuerda: calidad antes que cantidad.

Si te gusta invitar a gente, organizar comidas o cenas, o pasar la tarde echando partidas de juegos de mesa con tus hijos, la mesa es un mueble de lo más importante. En ella recibes a la gente que quieres, compartes deliciosas comidas y grandes momentos, que invitan a disfrutar en compañía, se transmiten valores, se ríe y se charla. Y esto abre un melón: la sociabilidad.

- Comer en compañía hace que las personas se sientan felices y satisfechas con la vida.

Escoge una de madera sostenible, piedra o metal reciclado. En el primer caso, cuanto más natural, mejor. Si se ven las vetas, está casi sin tratar y sus acabados son rugosos, le darás un carácter único al salón. ¿Cómo elegir la más adecuada? Pues depende de cuántos seáis para comer o del uso que le quieras dar. Siempre puedes decantarte por una con alas supletorias o extensible, para que la puedas ampliar cuando la necesites y tenerla cerrada el resto del día. Puede ser redonda, ovalada o cuadrada, dependerá de tus gustos.

Respecto a las sillas, hay mucha variedad. Si eliges las de madera tapizadas, busca las de textiles hechos de fibras naturales o con rejilla *cannage*. El mimbre y el bambú son también grandes opciones. Para la madera, busca que sea certificada. Las pinturas o barnices que las recubren también deberían ser libres de químicos. Invierte en calidad y durabilidad para no tener que cambiarlas a los pocos años.

Por lo que se refiere al resto de los muebles, además del sofá (que veremos más adelante), quizá quieras poner una librería, una alacena o un mueble bajo para la tele. Las opciones modulares te vendrán genial si en el futuro quieres modificar algo. En cualquier caso, la madera, el mimbre y el ratán son los ganadores. ¿Y has pensado en hacerte unas estanterías de obra en la pared? Aportan un toque personal y aprovecharás rincones y espacios muertos.

Mucha gente tiene una librería en el salón. Si quieres una, elige la que responda a la decoración de la estancia. Tienes un montón de posibilidades: con o sin puertas, combinadas, de uno u otro material... Lo importante es que pegue contigo y con tu forma de ver la vida. ¿Te has planteado iluminarla? Si lo haces, te costará menos encontrar el libro que buscas. Si el interior queda a la vista, puedes añadir cajas para ocultar lo que no quieras que se vea, o pon puertas de cristal si quieres presumir de libros y evitar que se acumule el polvo.

Si no puedes pasar sin un mueble para la tele que te permita guardar el rúter y tus dispositivos y accesorios *gaming*, estos consejos te ayudarán a elegirlo:

- **Anchura:** más ancho que la tele, para protegerla de golpes y accidentes.
- **Altura:** el centro de la tele tiene que quedar a la altura de tus ojos. Si montas la tele en la pared, el mueble podrá ser del tamaño que quieras.
- **Almacenaje:** hay opciones abiertas y cerradas que te permitirán guardar tus dispositivos electrónicos y la ropa de mesa.

Si tienes radiadores en el salón, aleja los muebles de ellos para que el calor fluya.

Cinco consejos para alargar la vida de tus muebles

1. Protégelos con textiles, vidrios, barnices o pintura para mantenerlos como el primer día.
2. Repáralos si tienen algún desperfecto.
3. Si te cansas de los muebles multifuncionales, búscales otra función.
4. Dales una segunda vida: véndelos o dónalos.
5. Adapta los muebles modulares a tus necesidades: añade o elimina módulos. Siempre es más barato que comprar un mueble nuevo.

Sofá

¿Te imaginas un salón sin sofá? Y con sofá me refiero a sillones, pufs, taburetes... ¡Lo que quieras! Para nosotros, es el elemento más importante de la casa. ¡Con decirte que lo compramos antes de tener las llaves del piso para que estuviese allí el primer día!

¿Cuántas horas pasas en el sofá? Vale, no me lo digas, pero bastantes a la semana, ¿no? Lo sé por experiencia. De ahí la importancia de que, además de comodidad, te proporcione un lugar saludable en el que descansar.

?

- Los muebles son responsables de casi un 10 % de las emisiones de gases de efecto invernadero debido a los árboles talados y a la energía que se usa en su producción.[17]
- En Europa solo se reutiliza el 20 % de los sofás. Los demás se incineran o acaban en el vertedero.[18]
- Regalar, vender o reutilizar un sofá evita la emisión de unos 55 kg de CO_2 a la atmósfera, casi como conducir 200 km en un coche de gasolina.[19]

La espuma y las bolitas de poliestireno del relleno son un peligro, ya que no son biodegradables. Además, los sofás tienen un problema añadido: suelen tratarse con productos ignífugos que, si arden (aunque sea al final de su vida útil), liberan gases tóxicos.

Por tanto, antes de decirle adiós a tu antiguo sofá, límpialo con vapor, tapízalo con telas naturales, véndelo o regálalo. Otra opción es ponerle una funda de tejidos naturales o materiales reciclados que podrás lavar en la lavadora siempre que quieras.

Si tienes que comprarte uno, ¿qué tal de segunda mano? Fomentarás la economía circular, evitando hacer uso de materias primas de forma innecesaria. En caso contrario, encontrarás muchos fabricados con materiales sostenibles: madera de fuentes certificadas, material reciclado, tejidos naturales... Los hay desenfundables, con asientos ampliables, modulares... En los últimos años también han aparecido los sofás de palets de madera, por si quieres aportar un estilo *handmade* a tu salón. Los desenfundables son ideales cuando hay niños pequeños o mascotas en casa para así poder retirar las fundas y lavarlos cuando lo necesiten. Además, son una opción más sostenible a largo plazo porque, si se estropean las fundas, no tienes que cambiar el sofá entero, solo hacerte con unas de repuesto.

¿Quieres que tu sofá sea lo más acogedor posible? ¡Añádele cojines! Sigue la **regla del 3+1.** No tendrás que invertir mucho dinero para conseguirlo:

- Escoge un cojín de gama cromática básica.
- Elige otro con estilo: de un material que contraste, con un estampado distinto...
- Añade otro con carácter: bordados, colores opuestos, de retales...

+ 1 Agrega una manta de tejido natural que te acompañe mientras ves tu peli favorita. Elige el grosor, el tamaño y el material según tus gustos y la época del año.

Televisión

Si tengo que ser sincera, he estado un rato planteándome si poner el televisor como apartado o meterlo en la decoración, pero he llegado a la conclusión de que este aparato electrónico está en el salón del 85 % de los hogares españoles y he visto claro que tenía suficiente entidad para dedicarle un espacio propio.

Los televisores actuales tienen pantallas de plasma o de LCD, es decir, usan celdas llenas de gas fósforo, con un potente efecto invernadero. Como residuo electrónico, si quieres reciclar la tele, tiene que desmontarse por componentes, así que cambiarla por capricho no es nada sostenible, aunque la lleves a un punto limpio.

?

- El precio de las teles se ha reducido en un 96 % en los últimos setenta años.[20]
- En 2020 había más de 8.000 millones de televisores en el mundo.[21]

Si tienes que comprarte una tele, en la fabricación de las pequeñas se usan menos materias primas y energía. Y las de plasma consumen más que las LCD, así que elige con cabeza. Es inteligente mirar la etiqueta energética porque, quizá pagando un poco más, a la larga ahorres mucho. Si se estropea, intenta repararla, es más eficiente. También puedes hacerte con una de segunda mano: por el mismo precio, podrás conseguir una más eficiente.

Si no quieres que se convierta en la protagonista de la pared donde la pongas, disimúlala colgando cuadros a su alrededor, de manera que se convertirá en uno más, o bien guárdala dentro de un mueble con tapa para ocultarla.

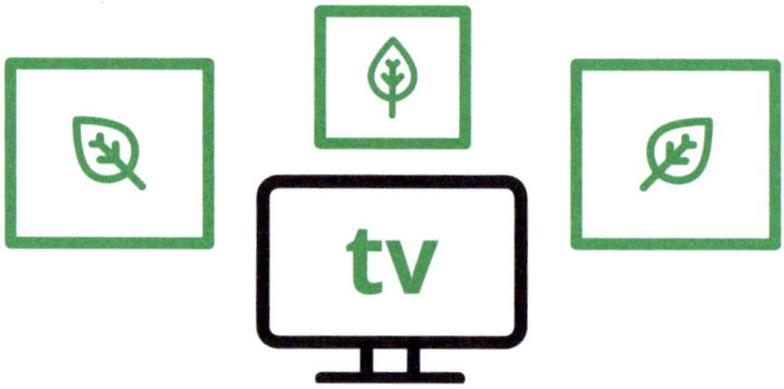

Por último, recuerda que la tele consume tanto encendida como en *stand-by*, así que es mejor desenchufarla cuando no la uses.

Decoración

La personalidad que le des a tu salón con la decoración que añadas aportará tu toque a este espacio que tanto vas a disfrutar. Como ya he comentado, compra o cambia lo que realmente necesites y no acumules por acumular o tu bonito salón perderá su encanto entre el desorden.

Si quieres aprovechar al máximo el espacio, opta por la decoración vertical, es decir, usa las paredes. Usa material reciclado, reutilizado o sostenible: cuadros, fotos, vinilos, estantes, espejos (que ampliarán visualmente el espacio), láminas y, si los tienes, los dibujos de tus peques, por ejemplo. Si pones un cuadro grande sobre el sofá o en una pared desnuda, crearás un punto de atención.

Como en las demás habitaciones de la casa, los materiales naturales serán tus aliados. Por ejemplo, los accesorios de cerámica, hechos por ti o comprados a pequeños artesanos, aportarán un toque al salón. El mimbre, el ratán y la madera serán otras grandes opciones para decorar el espacio. Y cómo no, las plantas no pueden faltar en este espacio.

Textiles

Este es otro de los imprescindibles en todos los salones. Busca tejidos como algodón orgánico, lino o cáñamo, y fibras como mimbre, yute, ratán, esparto, coco o bambú si quieres conectar con la naturaleza. En cualquier caso, comprueba que no tengan tintes o pesticidas si quieres un entorno ecológico. Úsalos en cortinas, manteles, cojines, tapicerías y fundas, mantas...

Las cortinas no pueden faltar en un salón acogedor: además de dar privacidad, graduar la luz, controlar el sonido y mantener la temperatura ambiente, vestirán tus paredes. Otra opción son las venecianas, hechas con láminas de madera, o los visillos, de los que cada vez se pueden encontrar opciones más modernas. Si tus cortinas son largas y están delante de un radiador, comprueba que el calor salga con comodidad. Si quieres reducir el gasto energético, haz que queden unos 5 cm por encima del borde superior del radiador.

Por su parte, las alfombras son fundamentales para aportar color o calidez al suelo, o bien para separar zonas. Si son de tonos claros, le aportarás un toque natural. Hay marcas que fabrican alfombras que garantizan una buena calidad, un mayor cuidado del medioambiente y unas condiciones de trabajo dignas. También las hay hechas a partir de residuos textiles. Si ya tienes una y la quieres cambiar, lo mejor es que la reutilices en otra habitación o que le des una nueva vida en otra casa.

- El 92-94 % de las alfombras son de materiales sintéticos, no de fibras naturales.[22]
- El nailon requiere 80 veces más energía y produce 49 veces más CO_2 que las fibras naturales.[23]
- En Europa, cada año se tiran 1,6 millones de toneladas de alfombras, y solo puede reciclarse un 2 %.[24]

Plantas

Soy una superfan de las plantas. En mi casa no han faltado nunca, y si tengo que quedarme con un solo lugar para ellas, es el salón, para disfrutarlas mucho más. Además de ayudarme a conectar con la naturaleza, refrescan el ambiente y dan color. Hay gente a la que le gusta tener ramos de flores recién cortadas en la mesa, pero se trata de una industria muy contaminante. Si no puedes pasar sin ellas, pregunta por su procedencia en la floristería y decántate por las que sean de huertos florales de proximidad o planta flores en el jardín para luego cortarlas y ponerlas en un jarrón. ¡Así las disfrutarás el doble!

Consejos para cuidar tus plantas de interior en el salón

- Sabrás si necesitan agua con la prueba del pulgar: si la tierra de la maceta se te pega al dedo, no la riegues.
- Comprueba las instrucciones de cuidado de la planta.
- Necesitan más agua en verano que en invierno.
- Agrupa las plantas que necesiten la misma luz (solar, indirecta o tenue) y agua.
- Quita el polvo a las hojas para que absorban bien la luz.
- En verano y primavera, un plus de fertilizante les ayudará. También puedes mezclarlo con restos orgánicos para enriquecer la tierra.
- No las coloques cerca de un radiador encendido, para evitar que se sequen por el calor.

Te recomiendo que elijas plantas verdes con maceta: limpian el aire de tu hogar, potencian el bienestar, fomentan la creatividad y reducen el estrés. Además de destacar en el salón, puedes darles varios usos. Por ejemplo, si te gustan las plantas grandes, úsalas para separar espacios. Las medianas y pequeñas te permitirán decorar estantes o el alféizar de la ventana, y te aportarán privacidad. Si las pones en un rincón oscuro, le darán un aire nuevo y color, e incluso puedes decorar tus paredes si las cuelgas en un soporte o creas un jardín vertical... ¡Da rienda suelta a la imaginación!

Si lo tuyo no son las plantas, encontrarás versiones artificiales hechas con material sostenible que colorearán la zona, aunque sin aportar todos los beneficios de las reales.

Salón comedor multifunción

En muchas casas, el salón es pequeño, o bien son muchos en la familia, así que, mientras no se usa para comer, se convierte en despacho, dormitorio, zona de juegos... ¡incluso gimnasio! Si es tu caso, necesitas que el salón sea bonito, pero también flexible y funcional, así que voy a darte algunas soluciones para que lo adaptes a tus necesidades. Lo importante es que elijas bien el mobiliario y lo distribuyas por el espacio. Divide el salón en distintas zonas, decántate por mobiliario multifunción y, aunque te sorprenda, separa los muebles de las paredes.

Dormir

Si te faltan camas para los que sois en casa o te gusta tener invitados, pero no cuentas con una habitación para ellos, la mejor solución es el sofá cama. Durante el día podrás usarlo como un cómodo asiento y de noche te permitirá dormir a pierna suelta. Además de ser más sostenible, es fundamental que sea fácil de abrir y cerrar. Si lleva ruedas, podrás colocarlo en el rincón más adecuado.

Otra opción son los divanes cama: tendrás un sofá de día y una cama de noche. Los modelos con cajones en la base te permitirán guardar la ropa de cama. Según lo que necesites, elígelo individual o doble.

«Y si no tiene cajones, ¿dónde meto las sábanas y almohadas?». Hay reposapiés con almacenaje que, de día, pueden quedar decorativos en una esquina y, de noche, abrirlos y sacar la ropa de cama. Si siempre usas el salón para dormir, elige una mesa de centro con ruedas y así, cuando te vayas a la cama, podrás usarla como mesita de noche.

Si pones una librería en el salón y uno de los cuerpos tiene una puerta opaca, puedes usarlo como armario para la ropa y los accesorios. Para separar los ambientes, usa estanterías abiertas, plantas grandes, biombos... para ganar privacidad.

Trabajar

¿Trabajas en el salón de día? ¿Soléis estudiar en la mesa del comedor varios a la vez? ¿O usas la mesa para desplegar el material de tu afición del momento? No te preocupes, todo tiene arreglo. Lo importante es que cada cosa tenga su lugar: si el salón tiene que usarse para comer, en un momento lo tendrás todo recogido y preparado.

Si trabajas en la mesa del salón y no tienes dónde guardar tus papeles y el portátil, opta por armarios estrechos para almacenar tus documentos y guardar el ordenador cuando no lo uses. Si es de sobremesa, algunos escritorios quedan ocultos cuando acabas de trabajar. Además de esconder esa zona, te permitirá alejarte del trabajo durante las horas de ocio.

La iluminación directa que te he comentado antes es la ideal para trabajar. Hay lámparas de escritorio que ocupan muy poco y son muy versátiles, o también puedes elegir un foco decorativo que cumpla su función en tu oficina o zona de estudio casera en el salón.

En este lugar, el orden es fundamental, así que plantéate cuáles son las opciones de almacenaje más adecuadas. Si sois varios los que trabajáis o estudiáis en el salón comedor, la organización de espacios y horarios es muy importante. Para ampliar este punto de la oficina en casa, ve al capítulo «El despacho o la zona de estudio», donde encontrarás ideas y soluciones.

Hacer deporte

Hacer ejercicio y cuidar el cuerpo es superimportante, pero no siempre puedes salir de casa para practicarlo, sea por la razón que sea, así que hay que apañárselas en el hogar y buscar el espacio perfecto para ello. Esto, junto a una dieta saludable, previene enfermedades cardiovasculares, diabetes tipo 2, ansiedad o depresión, así que no lo dudes más y prepara un rincón de tu casa para hacer deporte.

?

- La OMS recomienda que los adultos (también los ancianos) hagan 150 minutos de ejercicio aeróbico moderado a la semana. Los niños y jóvenes deberían ejercitarse con una intensidad entre moderada y vigorosa durante 60 minutos al día.[25]
- El deporte favorece el descanso nocturno, aumenta la resistencia a las enfermedades y mejora la salud mental.

Quizá salgas a correr o en bicicleta, te guste el senderismo, vayas andando o en bici al trabajo, juegues al pádel, fútbol, béisbol…, y además quieras hacer ejercicio en casa. O solo buscas una opción sencilla y económica de hacer deporte en los ratos que tienes libres mientras estás en casa. Así que vamos a ello con algunas recomendaciones.

Si quieres crear un gimnasio en el salón o en cualquier otra estancia de tu casa, te recomiendo que los muebles puedan moverse para que dispongas del espacio suficiente. Lo mejor sería que dispusieras de alguna solución de almacenamiento para guardar el material. Así lo tendrás todo a mano cuando lo necesites y evitarás las excusas para no entrenar.

Sigue estos pasos para crear tu gimnasio casero:

1. Reserva una zona amplia, bien ventilada y con luz natural. Si haces ejercicio cuando está oscuro fuera, la luz general será suficiente.
2. La temperatura tiene que ser adecuada, así que deja que entre el aire fresco por la ventana o baja la calefacción una hora antes de entrenar.
3. Opta por las esterillas, duraderas y fáciles de limpiar. Si lo tuyo es la cinta de correr o la bici estática, pon una esterilla o una alfombra debajo para proteger el suelo y evitar el ruido.
4. Si acabas de empezar con el deporte, invierte en el equipo básico, como un juego de mancuernas con pesos intercambiables, unas gomas, una esterilla y poco más.
5. No olvides calentar antes de empezar y estirar cuando acabes.
6. La música es fundamental: usa altavoces bluetooth o auriculares inalámbricos.

Consejos para un entrenamiento *eco-friendly* en casa

- **Ventilación e iluminación.** Ventila el espacio antes y después de hacer ejercicio. Entrena durante el día para aprovechar la luz natural y reducir el consumo de energía.
- **Dispositivos electrónicos.** Reduce su uso y opta por rutinas que dependen del peso corporal (calistenia), como el pilates, el yoga o los ejercicios de resistencia.
- **Equipamiento sostenible.** Decántate por equipos fabricados con material sostenible o considera la opción de comprarlos de segunda mano.
- **Ropa.** Elige la fabricada con material orgánico o reciclado. Mejor calidad que cantidad, y no te dejes llevar por las modas.
- **Hidratación sostenible.** Usa una botella reutilizable. Recuerda que las desechables no están diseñadas para ser reutilizadas y hacerlo puede ser peligroso para tu salud.
- **Reciclaje de residuos.** Evita los productos desechables y recicla los envases de productos energéticos o suplementos que tomes.
- **Repara, dona o vende.** Si se estropea tu equipo, arréglalo. Si ya no lo vas a usar, dónalo o véndelo, no lo tires.

Consejos para un salón comedor sostenible

1. **Eficiencia energética.** Elige electrodomésticos con buen nivel de eficiencia energética. Apaga lo que no uses y baja la calefacción.

2. **Iluminación eficiente.** Usa led de bajo consumo y aprovecha la iluminación natural durante el día.

3. **Mobiliario sostenible.** Elige productos de marcas sostenibles u opta por objetos de segunda mano.

4. **Repara y reutiliza.** Repara lo que se rompa antes de reemplazarlo y plantéate dar otro uso a objetos antiguos.

5. **Textiles sostenibles.** Selecciona textiles con materiales orgánicos o reciclados.

6. **Utensilios y vajilla sostenible.** Busca los de material duradero y sostenible, y evita los de un solo uso.

7. **Decoración responsable.** Adorna las paredes con objetos reciclados o reutilizados.

8. **Plantas.** Elige plantas locales fáciles de cuidar: mejorarás la calidad del aire y traerás la naturaleza a tu casa.

9. **Aprovecha el espacio.** Los muebles multifunción son ideales para espacios pequeños.

3. El dormitorio

Cuando tengo un día duro y necesito paz o estar sola, el dormitorio es mi espacio seguro, el lugar en el que me siento arropada y tranquila, donde consigo privacidad. Si tienes hermanos, como yo, sabrás la importancia que tiene disponer de tu propio espacio y sentirte a gusto en él. Durante años he compartido cuarto con mi hermano y, aunque de pequeño es genial, a medida que creces aumentan las ganas tener tu casa con un dormitorio para ti y ponerlo a tu gusto.

El dormitorio es el lugar en el que, a diario, te despides de la jornada, te relajas y te preparas para el día siguiente, un espacio íntimo en el que cada noche te recibe la cama, te abraza el nórdico, guardas la ropa, compartes espacio e intimidad con tu pareja o haces colecho con tus pequeños. Por eso es tan importante que sea sostenible y saludable para todos. Da igual el tamaño: con pequeños cambios conseguirás que tu espacio privado sea más respetuoso con el medioambiente y con tu salud.

El *fast fashion* ha llenado las casas de ropa tanto para nosotros como para el hogar, y mucha de ella no es nada sostenible... ¿Quién la ha fabricado? ¿Dónde? ¿Con qué materiales?

Pasamos casi un tercio de la vida durmiendo, y solemos hacerlo en el dormitorio. Son unas siete u ocho horas al día, más si hablamos de jóvenes y niños. Es donde tendríamos que descansar, desestresarnos y relajarnos, no levantarnos cansados, con migrañas, alergias, la piel irritada o dosis altas de estrés... Supongo que ya sabes lo importante que es dormir bien: mientras duermes, tu cuerpo se ocupa de mantener activas las funciones cerebrales y cuida de tu salud.

Hay un montón de aspectos que pueden condicionar el descanso nocturno: el estrés por el trabajo (o trabajar en la cama), la contaminación lumínica o acústica, la calidad del aire, el colchón y la almohada que uses, la temperatura del cuarto, tus hábitos de ejercicio y alimentarios... Como cada persona es un mundo, tus preferencias y tus hábitos influirán en tu dormitorio perfecto. ¿Me acompañas a personalizarlo? Y sí, de forma sostenible, porque la comodidad y el diseño no están reñidos con la sostenibilidad, al contrario.

?

- El sueño reinicia el organismo y nos prepara para el día siguiente. Restaura el sistema digestivo, cardiovascular e inmunológico.
- La falta de sueño aumenta la llamada «hormona del hambre»: comerás más cuando te levantes, y no siempre te apetecerán alimentos saludables.

Tanto si vas a diseñar tu dormitorio desde cero como si pretendes transformar el que tienes, vamos a tratar de que la estancia esté libre de tóxicos, al menos todo lo posible. En este capítulo te voy a dar distintas soluciones económicas y sencillas de implementar.

Para mantener una vida sostenible y saludable al mismo tiempo, es importante contar con soluciones duraderas, fáciles de mantener y reparar, con las que te sientas cómodo. Por eso no me limitaré a hablar de los muebles, la distribución, la decoración y el ambiente de tu habitación para que duermas a gusto y te levantes como una rosa, sino que, como en Narnia, entraremos en nuestro armario y exploraremos su interior.

Dormir no es lo mismo que dormir bien, ya que es fundamental hacerlo las horas necesarias. ¿Cuántas? Pues depende de la edad: los bebés, unas 18 horas; los niños, de 9 a 11; los adolescentes, de 8 a 10; y los adultos y personas mayores, entre 7 y 8 horas. Si una noche duermes poco (o muy poco), ¿cómo estás al día siguiente? En mi caso, cansada, ya que, desde abril de 2024, que nació mi hija, no he vuelto a dormir una noche del tirón. La falta de sueño influye en el estado de ánimo, así que dormir es mucho más que tumbarse un ratillo en la cama. Influye en la concentración, la memoria, la capacidad para resolver problemas y la motivación. Levantarse puede ser uno de los retos más importantes del día, así que si has descansado durante la noche y controlas tus hábitos de sueño, te será más fácil.

?

- Según la Sociedad Española del Sueño, más de la mitad de los españoles no duermen bien.[26]
- Según la Sociedad Española de Neurología, al menos un 10 % de la población (4 millones de personas en España) sufre algún trastorno del sueño crónico y grave.[27]

Para realizar una actividad tan importante, el aire del cuarto y todo aquello con lo que estás en contacto puede influir en el descanso. Por tanto, todos los objetos del dormitorio han de ser lo más naturales posible para evitar los tóxicos que emiten al ambiente y luego absorbes.

Paredes, suelos y ambiente

Vamos a empezar por las bases de la estancia: paredes y techos. Las paredes de tu cuarto hablan de ti y de tus gustos, pero la pintura que las cubre, además de decorar, tiene que cuidarnos, como he comentado en el capítulo «Cuestiones generales» (págs. 29-31).

Se suele decir que «para gustos, colores», pero te sugiero que para el dormitorio elijas tonos claros y relajantes para las paredes. En mi caso tengo las paredes blancas, pero no tiene que ser así: el rosa, el verde, el gris, el violeta o el marrón también son grandes opciones porque reflejan la luz, lo que hará que esta estancia sea más eficiente a nivel energético. Los que no te recomiendo tanto son los saturados e intensos: naranja, amarillo, rojo o negro. Aquí puedes jugar con papeles estampados, pintar una pared de color y el resto un tono más suave... ¡Deja volar la imaginación!

Por lo que respecta al suelo, el que hay es el que hay, pero si puedes elegirlo, la mejor opción es el de bambú natural o corcho. Si no estás en momento «reforma», como nos pasa a muchos, o vives de alquiler, opta por poner alfombras naturales (de cáñamo, por ejemplo) que te permitirán adecuarlo a tus necesidades. Evita las que han usado xileno, formaldehído, benceno u otros tóxicos en su fabricación.

Ambiente

La luz, la temperatura, el sonido, la calidad del aire... Hay muchos aspectos que influyen en tu hogar. Conseguir el ambiente adecuado para que el cuerpo se regenere durante el sueño es fundamental. Encontrarás consejos en el capítulo «Cuestiones generales», así que aquí solo voy a adecuarlos a esta estancia.

Luz

Como ya has visto, la distribución e intensidad de la luz es básica. Durante el día, deja que el sol bañe el cuarto, pero en cuanto llegue la noche, lo ideal es que el dormitorio esté lo más oscuro posible. Instala persianas o cortinas opacas para que tu cuerpo descanse. El pueblo donde vivimos ahora me encanta: cuando llega la noche, no necesitas cerrarlo todo para evitar la luz artificial de la calle, ya que la que entra es la de la luna, muy agradable para dormir. Contar con una buena fuente de luz natural garantiza la iluminación durante el día y la ventilación adecuada del cuarto, como has visto en el capítulo «Cuestiones generales» (págs. 39-40).

Por lo que se refiere a la luz artificial, puedas instalar focos led de luz cálida o con tonos amarillos en varios puntos del dormitorio (en el techo o las paredes, en las mesitas...). Si quieres, puedes optar por luces regulables o sensores para el apagado automático: ahorrarás tanto energía como dinero.

Antes de ir a dormir, usa luces de intensidad baja. La luz cálida ayuda a relajarse. Cuando entres en tu cuarto para la noche, enciende la lamparita de la mesilla, no la del techo o los apliques de la pared, ya que su intensidad es más alta. Habituarse a no encender la luz de forma automática es más fácil de lo que crees. Yo lo he conseguido y solo la enciendo cuando la necesito de verdad. Te aseguro que tu factura lo notará y le harás un favor al planeta.

Temperatura

Otra de las claves para dormir bien es la temperatura de la habitación, ya que influye en la fase del sueño profundo (REM). Por lo general, cuando hace frío, nos gusta sentir calorcito y, en las noches de verano, fresco, pero como al dormir profundamente la temperatura del cuerpo baja y es necesario que el ambiente favorezca este sueño, en la habitación no tiene que hacer demasiado calor.

Lo óptimo es que tu cuarto esté a entre 18 y 21 °C, aunque con las olas de calor que estamos viviendo estos últimos veranos, muchos días estará a 24-25 °C. Si tienes frío, elige un buen edredón para calentarte. En verano, cierra durante el día y mantén la casa en oscuridad para evitar que entre el calor, y abre cuando la temperatura baje para que entre el fresco.

- Si aumenta la temperatura ambiente, te provocará una hiperactividad en el metabolismo, lo que hará que estés más nervioso y trastornará tu sueño.

En ambos casos, trata de que el dormitorio esté bien aislado para reducir la necesidad de subir o bajar mucho la temperatura. Cambiar las juntas de las ventanas, poner cortinas gruesas y usar alfombras de felpa te ayudará a mantener la temperatura en verano e invierno.

Y si vives en pareja y no tenéis las mismas necesidades, haceos con dos edredones individuales en lugar de uno doble. Así cada uno lo tendrá a su gusto y nadie se quedará sin tapar. Esto es algo muy común en los países nórdicos.

Ruido

Imagínate la situación: tras un largo día de trabajo, has ido a entrenar. Llegas a casa, te pegas una ducha, cenas algo y te vas a la cama. Te tumbas, te tapas, cierras los ojos, repasas tu día u organizas el de mañana y... ¡BROUM! Una moto con escape libre pasa bajo tu ventana, el camión de la basura está recogiendo los cubos y encima parece que a un vecino le ha dado por reformar su casa a las once de la noche...

En un mundo ideal, tu cuarto tendría que ser un lugar silencioso en el que dormir a pierna suelta. Por eso es importante que el dormitorio sea lo más silencioso posible y que evites todos esos ruidos intrusivos que te asaltan por la noche. Elementos decorativos como las cortinas y las alfombras gruesas te ayudarán a aislarlo y amortiguarán las vibraciones que no te dejan pegar ojo. Hay sonidos relajantes que pueden inducir el sueño, pero en cuanto te plantees cerrar los ojos, apágalos. Yo soy muy fan de los vídeos ASMR para quedarme dormida, aunque el móvil antes de dormir no es lo más recomendable.

Si para ti es fundamental el silencio y tus vecinos parecen no facilitarlo, siempre puedes invertir en paneles de absorción del ruido exterior para esta zona de la casa. Se pueden colocar en las ventanas o rodeando la cama.

Muebles

Ahora que tenemos la estructura planteada y en una versión lo más sostenible posible, vamos a por el mobiliario. Aquí tendrás que valorar tus necesidades: cómo es la habitación, qué hay —un armario empotrado o una cómoda que te encanta, por ejemplo—... Voy a empezar por plantear algunas preguntas: ¿tus muebles son de materiales naturales?, ¿alguno huele raro?, ¿la distribución es ideal para favorecer el sueño que necesitas?, ¿está ordenado?

Paso a paso: ¿qué muebles tienes? ¿Los necesitas todos? Si no es así, recicla, vende en el mercado de segunda mano o dona los que no quieras. Si ves que la procedencia o el material de alguno no te da confianza, ¿qué tal cambiarlo por una opción sostenible? Puede ser un mueble usado, reciclado o de materiales naturales. Optimiza el espacio y reduce el consumismo cuando te decidas por uno u otro. Los estantes y armarios grandes invitan a acumular, así que planifica el espacio, conoce tus necesidades y elige con cabeza.

En los muebles, opta por los que no usen barnices, pegamentos o pinturas tóxicas. Otra opción son los muebles de bambú o ratán, unos materiales muy resistentes. Si optas por la segunda mano y quieres darles otro aire, usa pinturas y barnices naturales sin tóxicos.

Cama, colchón y almohada perfectos

Como ya hemos visto, lo ideal sería que todos los muebles estuvieran libres de químicos, pero si solo pudiera elegir uno, sería la cama, en concreto el colchón, dado que pasamos un tercio del día ahí. En la actualidad, el bajo coste de su fabricación hace que duren un telediario o que encuentres a los sospechosos habituales en su composición. Recuerda: si quieres dormir bien, cuanto más natural sea tu cama y todos sus complementos, mejor, y eso no implica un gran desembolso, te lo aseguro.

Cama y somier

Cada persona es un mundo, así que tendrás que buscar la cama más adecuada para ti. Si ya la tienes, comprueba que sea fiable a nivel salud. Si no es así, recicla, vende, dona o aprovecha las partes que puedas y adapta la parte no fiable. Tienes dos opciones sostenibles: nueva o de segunda mano. En el mercado circular las encontrarás de calidad. También puedes hacer una estructura tú mismo. ¡He visto cosas alucinantes por internet!

Si quieres que te dure, decántate por la más confortable y que te ofrezca un diseño sencillo y atemporal. Las de madera maciza, sin colas ni adhesivos químicos (si puede ser de origen local y tala certificada), son biodegradables y reciclables, y suelen estar hechas de forma artesanal, de manera que combinan sistemas de presión y elasticidad óptimos para el cuerpo. Descarta las de conglomerado o virutas de madera compactas: contienen productos que no respetan el medio ni a ti.

Elige un somier libre de plásticos, hecho de listones de madera maciza, que soporte tu peso de forma natural mientras duermes. Si necesitas almacenaje extra, puedes optar por un canapé abatible. Mi suegra, por ejemplo, es fiel a los canapés, y debo admitir que vienen genial. Como en el caso de la cama, opta por los naturales: los encontrarás de madera maciza con tiradores de yute, por ejemplo.

Colchón

Además de la cama, un colchón cómodo que se ajuste a la espalda es clave para dormir bien, pues te permite mantener una buena postura y ventilación en la zona. Según cómo duermas y tus gustos, elige una firmeza y material u otro.

Hay muchísimos tipos de colchones, pero cuanto más natural sea, mejor. Gracias a sus propiedades hipoalergénicas, podrás combatir los ácaros y beneficiarás al planeta al mismo tiempo. Los más naturales y limpios son los de látex natural certificado (caucho natural del árbol tropical *Hevea brasilensis*), fibra de coco ecológica, cáñamo, algodón orgánico, bambú o polietileno de calidad alimentaria, todos de fuentes sostenibles. Estos materiales son biodegradables, renovables y transpirables, y tienen propiedades antifúngicas y antibacterianas. Además, a la hora de elegir, es muy importante que se pueda reciclar cuando llegue al final de su vida útil.

Si alguna vez has visto un anime japonés como *Doraemon*, te habrás fijado en que ellos duermen en el suelo en unos colchones de quita y pon: los futones. Son una muy buena alternativa si no dispones de mucho espacio. Suelen ser de algodón o látex naturales, se fabrican a mano y combinan materiales según la rigidez o elasticidad que se busque. Además, son transpirables y confortables.

Para que el colchón te dure lo máximo posible y siga siendo sostenible y saludable, puedes ponerle un protector: además de protegerlo, ayuda a regular la temperatura corporal y lo impermeabiliza. Como es una funda lavable, mantendrás una mejor higiene. Si sigues estos consejos, el colchón te puede durar unos 8 o 10 años en perfecto estado.

Almohada

¿Eres de los que pasan la noche de espaldas, de lado o das mil vueltas? La elección de una buena almohada sostenible te facilitará el descanso. Su función está clara: mantener el cuello y la cabeza alineados mientras duermes, y es imprescindible para evitar lesiones de espalda y dolor de cuello al levantarte. Busca la que se adapte a tus gustos y a la posición que adoptas al dormir. Si sois dos en la cama, te recomiendo que la almohada sea individual. ¡No hay nada como tener tu almohada entera para ti!

Hay algunas recomendaciones que hay que tener en cuenta a la hora de elegir la almohada, como el material. ¿Sabías que existen almohadas hechas con el material sobrante de hacer colchones? Así se reduce el uso de materias primas y son una opción más sostenible. En casa tenemos unas de viscoelástica hechas con materiales reciclados del sobrante de hacer colchones.

Armario

Vamos con el mueble más interesante del dormitorio por todo lo que contiene. En algunos, como hay mucho espacio, se acumula un montón de ropa que no se usa, a veces el desorden impera en ellos y el espacio no se aprovecha.

Para mí, el primer paso es sacarlo todo y decidir qué quieres quedarte, qué está para tirar o reciclar como trapos, qué puedes vender o intercambiar y qué quieres donar o regalar. Puede que encuentres ropa que no te vale, no se lleva, no te gusta, está estropeada… ¡Ha llegado el momento de una buena limpieza! Y sí, incluye zapatos, accesorios, bañadores, bikinis y ropa interior. La primera vez es la más complicada, pero si mantienes una rutina de limpieza de armario con el cambio de temporada, cada vez te será más sencillo, acumularás menos, no comprarás duplicados porque sabrás qué tienes y te costará menos vestirte por las mañanas.

El primer paso es alejarse del consumismo: evita las zonas comerciales, desuscríbete de *newsletters*, no entres en webs de moda *online* o deja de asociar el ir de tiendas con diversión. Si comparamos nuestros hábitos de compra actuales con los de hace veinte años, consumimos casi un 400 % más. Y todo indica que esta tendencia seguirá al alza…

En cuanto a tejidos, el algodón no orgánico representa el 40 % de la industria de la moda, y tiene un gasto tremendo tanto de agua como de químicos… Y sí, lo que desprende se queda en tu piel. El poliéster, el nailon y el acrílico liberan microfibras de plástico al medioambiente y no son transpirables. A la hora de elegir, te recomiendo que optes por algodón orgánico, lino, cáñamo, bambú, Tencel, seda vegana, tela vaquera de algodón orgánico o reciclado y tintes vegetales, cuero vegano, tejidos reciclados o ropa de segunda mano.

Cuando necesites comprar algo, hazlo de forma consciente: para empezar, asegúrate de qué necesitas y, si no tienes algo en tu armario que te sirva, busca prendas de calidad, duraderas y atemporales de marcas éticas o decántate por la ropa de segunda mano. Elige marcas que sigan estándares éticos en la producción de sus prendas y reduzcan su impacto ambiental y social. Compra menos, pero mejor. ¡Y no te dejes llevar por la moda!

Algo que nos sirve mucho en casa es hacer una lista de lo que necesitamos. Así, cuando vemos algo que nos gusta, tiramos de la lista para ver si nos hace falta. También viene genial anotar las prendas, los zapatos o los accesorios que te han gustado y dejarlos ahí durante al menos una semana, mejor un mes; si después de ese tiempo sigue gustándote y te cabe en el armario, cómpralo. Quizá te cueste acostumbrarte a no encontrar montones de ropa, pero si lo que hay te sienta bien, combina, es sostenible y de calidad, me lo agradecerás.

Algo muy importante para que la ropa que te encanta te dure más es cuidarla: sigue las instrucciones de lavado y, como recomendación personal, lávala en agua fría. No uses mucho la secadora, mejor deja que se seque al aire.

Tampoco uses suavizante, estropea la ropa y la lavadora. Utiliza un jabón biodegradable natural (te dejo algunas recomendaciones en el capítulo «Cuestiones generales», pág. 52) y arregla las prendas cuando lo necesiten.

Arreglar o reconvertir la ropa es otra de las máximas de un armario sostenible: si tienes nociones básicas de costura, podrás coser tus prendas en vez de tirarlas, o si no sabes, apoyarás el comercio de tu barrio al llevarlas a reparar. Además, si sabes coser, cuando no las quieras o ya no las necesites, puedes convertirlas en algo totalmente distinto y actual. ¡Puedes conseguir una apariencia nueva sin gastar casi nada! Mi madre, por ejemplo, es una experta, y de una camisa de hombre te saca un vestido o una falda preciosa. Te recomiendo echar un ojo a ideas que puedes encontrar *online*.

Armario cápsula

Conjunto limitado de prendas de calidad, básicas y atemporales que puedes combinar para crear distintos *looks* para varias ocasiones y estilos. Con él reducirás el tiempo y el esfuerzo que dedicas a elegir la ropa cada mañana, además de conseguir un armario más sostenible y eficiente.

¿Y los zapatos? Las recomendaciones que te he dado sobre la ropa también se aplican a los zapatos: buenos y pocos, combinables y cómodos. Los pies soportan tu peso todo el día, así que ¿no crees que tus deditos se merecen lo mejor? Si se estropean, visita al zapatero, que velará por alargarles la vida. Hace unos meses que me estoy pasando al zapato respetuoso —*minimalista*, lo llaman—, un calzado que respeta la forma del pie y la pisada natural, aunque eso ya va a gusto de cada uno.

Perchas

Si quieres mantener tu armario ordenado, cuenta con muchas perchas. Son muy útiles, dejan la ropa a la vista, evitan que se arrugue y lucirá mucho más que doblada en baldas. Si ya tienes, aprovéchalas, y si te toca renovarlas, búscalas de segunda mano u opta por las de bambú, madera o metálicas. Si necesitas más espacio, ¿has pensado en los pantaloneros? Es un artilugio que va fenomenal si tu armario es pequeño.

- Cada año se tiran al vertedero unos 8.000 millones de perchas porque no son reciclables.[28]

Puede que tengas otros muebles, pero los básicos son estos. Tal vez cuentes con un zapatero, una mesilla, un galán de noche, un espejo de cuerpo entero para comprobar tu *outfit*, un tocador o un pequeño escritorio porque, de día, tu cuarto se convierte en tu despacho. En cualquier caso, sigue las recomendaciones generales para que tu dormitorio sea un templo del descanso adecuado a tus necesidades, además de ser respetuoso con el medio.

Textiles y decoración

La decoración y los textiles que uses para tu dormitorio le aportarán vida y reflejarán tus gustos y personalidad. Como ya he comentado, lo importante es que la ropa de cama, las cortinas, los tapizados y las alfombras sean de fibras naturales, pues son tejidos suaves, evitan las alergias y mantienen la temperatura de forma natural. Para la decoración, opta por elementos naturales como plantas, objetos de artesanos locales, como un jarrón de cerámica hecho a mano, o elementos de segunda mano.

Sábanas y edredones o nórdicos

Para mí, el mejor tejido en cuanto a relación calidad precio para la ropa de cama es el algodón de fuentes sostenibles, por supuesto, que ya sabes lo contaminante que es su producción. También tienes el *lyocell*, muy suave y agradable al tacto. ¿Pasas frío o calor de noche? Las sábanas, mantas, edredones y nórdicos conservan la temperatura en la cama. Elige un material de calidad, suave, transpirable, que absorba la humedad y agradable para tu cuerpo.

Como la tela de las sábanas está en contacto con la piel, elige fibras naturales como el algodón, el lyocell o el lino. Evita las mezclas de algodón y poliéster, o las de poliéster al 100 %, que encontrarás en la mayoría de las tiendas. Y no te preocupes por el precio, tienes sábanas de algodón desde 10 euros para camas de matrimonio.

4 *tips* para elegir sábanas

1. Conoce la medida del colchón y escoge el tamaño adecuado.
2. Número de hilos. Cuantos más, más resistente y densa será, así que te durarán más.
3. Material. Siempre sostenible, ecológico y ético en su producción.

    * **Algodón:** son las más suaves, agradables, hipoalergénicas y transpirables.
    * **Algodón y lyocell:** supersuave, renovable y más sostenible que el algodón solo.
    * **Lino:** mantiene tu temperatura constante toda la noche.

4. Colores. Cuantos menos tintes, menos se estropearán y serán más respetuosas con el medioambiente. Si puedes, opta por las claras o con tintes naturales.

En cuanto a los edredones o nórdicos, busca que transpiren, absorban la humedad y eviten las bacterias y los hongos. Según donde vivas o tu tolerancia al frío, elige un grosor u otro. También existen los cuatro estaciones, en los que pones o quitas capas en función del momento, una opción ideal para climas en los que la temperatura cambia mucho entre invierno y verano. En zonas cálidas, como Málaga, con un edredón intermedio para invierno será suficiente, porque en verano no querrás usar más que una sábana fina. El relleno que mejor opción me parece es el de algodón y lyocell, aunque también los tienes de materiales reciclados, una opción muy sostenible. Una recomendación: si no te pones de acuerdo con tu pareja, escoged dos de 90 cm en lugar de uno grande, y así nadie se destapará por la noche.

Cortinas

Además de ser un aspecto importante en la decoración del dormitorio, las cortinas pueden tener otras funciones, como tapar la luz si no tienes persianas y duermes de día u ofrecerte privacidad y alejarte de las miradas de los vecinos.

En cualquier caso, antes de decantarte por una tela estampada, larga o corta, más o menos traslúcida o de colores chillones o tonos neutros, comprueba su composición. Como en todos los textiles, busca tejidos orgánicos o reciclados. Por ejemplo, el PET reciclado se usa en tejidos opacos con caída ligera y uniforme, mientras que las cortinas traslúcidas suelen ser de algodón, más agradables visualmente y al tocarlas. ¿Y por qué no combinarlas? Si pones unos visillos al fondo y cortinas a los lados con doble riel o barra, podrás jugar con ellas durante el día para que en tu cuarto entre la cantidad de luz más adecuada según el momento.

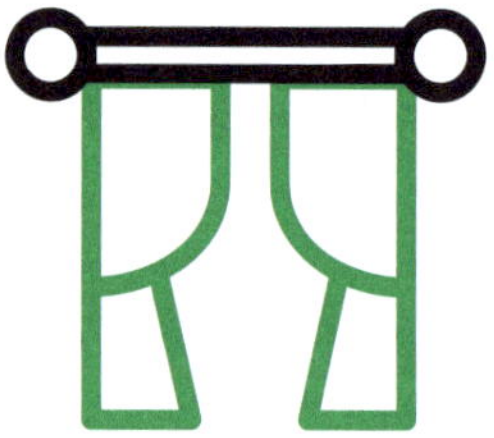

Alfombras

Las alfombras, y más en invierno, son un placer para nuestros pies, y si te gusta andar estilo Mowgli por casa, más aún. Aportan estilo al dormitorio, aíslan del frío, proporcionan un primer paso mullidito y harán que el espacio se vea más grande. También amortiguan el ruido, así que ganarás privacidad. Otra opción es usarlas para separar espacios sin tener que tocar el mobiliario o meterte en una cara reforma para conseguirlo. Mide el espacio que quieres cubrir y elige la medida que se adecue a tus gustos.

Para gustos, alfombras: las suaves, como las de algodón orgánico, son confortables. Si el frío no es un problema o ya estás pensando en verano, decántate por las de yute, ratán, esparto o bambú. ¡O por las de material reciclado! Y ten en cuenta quién las hace.

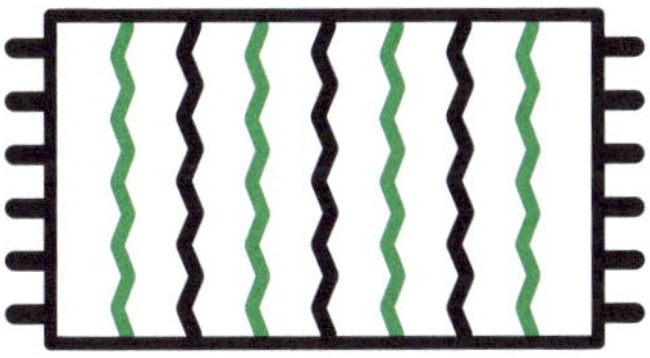

Complementos y decoración

Los complementos aportarán un toque personal a tu dormitorio. Si quieres dormir bien, opta por accesorios naturales fabricados con algas, fibra de plátano, bambú, ratán o yute. Además de ser bonitos, respetan el medio y a las personas, si eliges una marca que las fabrique de forma ética. Este tipo de productos hechos de manera artesanal, dan trabajo a comunidades en riesgo de exclusión social, lo cual mejora su calidad de vida. Puedes añadir marcos para fotos, jarrones, figuras, velas de soja o plantas.

Si usas despertador, mejor el de toda la vida que el móvil. Encontrarás los motivos en el apartado final sobre los dispositivos electrónicos.

Plantas

Las plantas de interior locales y con un bajo mantenimiento aportarán a tu cuarto un ambiente más fresco y saludable, además de mejorar la calidad del aire. Te recomiendo estas tres:

- Sanseviera o lengua de suegra
- *Pothos*
- Monstera deliciosa

Si tu dormitorio es tu despacho durante el día —aunque no es lo más recomendable, como verás en el capítulo «El despacho o la zona de estudio» , págs. 211-212—, puedes decantarte por separar el ambiente con colores, alfombras o cortinas.

Como en el caso de los textiles, evita la compra compulsiva y elige solo los objetos que necesitas y que aporten a tu dormitorio el aspecto que deseas. Otra opción es que te hagas tus propios elementos decorativos con material reciclado. ¡Creatividad al poder!

Orden y limpieza

Intenta que tu habitación esté limpia y ordenada para que tu sueño, además de reparador, sea saludable y sostenible. Un consejo estupendo es que, antes de acostarte, te prepares la ropa del día siguiente. Si estás medio dormido, te costará elegir el *outfit* perfecto para enfrentarte al día, así que lo mejor es que lo dejes todo encima de un sillón o perchero para que no se arrugue la ropa. Ya sabes: no dejes para mañana lo que puedas hacer hoy.

Por la mañana, dedica cinco minutos a ventilar el cuarto, sacudir las sábanas y hacer la cama. Guarda el pijama y todo lo que esté desordenado; así, cuando vayas a acostarte, lo harás a gustito.

Ahorro de espacio

Tanto si tu habitación es pequeña como si quieres distribuirla de la mejor manera para ganar espacio, esta sección es para ti. ¡Vamos con el almacenaje sostenible y minimalista! Así sacarás el máximo partido a los muebles y espacios. Si el caos llama a tu puerta por la cantidad de cosas que acumulas, selecciona lo que va en el dormitorio y quédate solo con eso.

Como ya he comentado, un canapé puede ser tu solución para guardar en su interior sábanas, mantas, edredones, bolsos... Mientras lo mantengas ordenado, distribúyelo a tu gusto. Otra opción son los cajones inferiores o las cajas de tela para debajo de la cama, en los que puedes guardar lo que necesites. Tienen menos capacidad que los canapés, pero aligerarán tu armario. Como siempre, busca muebles fabricados con materiales sostenibles.

¿Necesitas más espacio? La pared del cabecero te permitirá poner estantes con velas, libros, plantas o cajas decorativas que le den un toque a tu habitación. Las paredes vacías te permiten colgar baldas, cajoneras flotantes o un espejo y montarte un tocador en el que guardar tus cosméticos si no los tienes en el cuarto de baño. Como además estarán suspendidos en el aire, aprovecharás el espacio. ¿Y las mesillas de noche si mi espacio disponible es mini? La solución son las mesillas flotantes, que se pueden colgar en la pared.

Limpieza

Mantener limpio el hogar, y hacerlo de forma saludable y sostenible, es imprescindible para mí desde que tengo perro —y con un bebé, más aún—, ya que tocan todas las superficies y se lo llevan todo a la boca (en el capítulo «Cuestiones generales» encontrarás mis recetas para limpiar toda la casa con productos naturales, pág. 50).

Te recomiendo que cambies la ropa de cama cada semana, que ventiles la habitación por las mañanas (son las horas en las que el polen está más tranquilo), que aspires a diario o en días alternos si tienes mascota (o pases la mopa y la fregona) y que evites el exceso de muebles y elementos decorativos que acumulen polvo.

Dispositivos electrónicos

Aleja los dispositivos electrónicos de tu cuarto lo máximo posible y deja de usarlos una hora antes de acostarte. Sí, estoy trabajando en ello, y sé lo complicado que es al principio. Si tienen que estar en esta zona de la casa (por ejemplo, si trabajas allí), desconéctalos cuando no los uses y plantéate la opción de usar enchufes inteligentes que te permitan gestionar su consumo energético. La tecnología, tanto por la radiación que emite como por la luz azul, influye en el descanso. Si quieres seguir los principios de la higiene del sueño (es decir, todo lo que favorece un sueño reparador), reduce estos estímulos para que tu cuerpo pueda generar la melatonina necesaria y que entienda que ha llegado la hora de dormir.

Jamás tengas el rúter en el dormitorio: sus radiaciones electromagnéticas generan campos que pueden provocar problemas de salud como insomnio, depresión o algunos tipos de cáncer. Por lo que se refiere a las mantas eléctricas, evítalas tanto por el riesgo de incendio como de sobrecalentamiento corporal.

Y ahora un par de sospechosos habituales: el móvil y la tablet. Como ya he comentado, la luz azul que emiten afecta a la salud, y más durante la noche. Te recomiendo que optes por un despertador analógico, de los de antes, y que cambies esas horas de hacer scroll en TikTok o Instagram —aunque sea para ver mi contenido— por leer un libro que te guste, escribir, dibujar o cualquier actividad que no requiera pantallas. Deja las redes para otro momento.

4. La habitación infantil

Y llegó ella, la personita que ha revolucionado nuestra vida. Cuando supimos que íbamos a ser papás, empecé a plantearme muchas preguntas: ¿seré capaz de prepararle una habitación cómoda y segura?, ¿cuánto espacio necesita para todas sus cosas?, ¿podré hacerlo de forma sostenible y sin gastar demasiado? Pues sí, he podido, y te voy a contar cómo.

Tanto si vas a diseñar una habitación desde cero, como si vas a transformar tu antiguo despacho o reciclar el cuarto de la colada, este espacio tendrá que contar con una serie de elementos que, además de respetar el medio, transmitan a tu bebé la importancia de ser sostenible. En muchas ocasiones, su llegada te hace ser consciente de qué mundo quieres dejarle. En cualquier caso, es una gran forma de dar ejemplo, así que, si ya tiene cierta edad, puedes implicarle en la creación de su cuarto, con lo que su conciencia ecológica crecerá. En la actualidad encontrarás opciones en muebles, materiales, accesorios, juguetes y textiles que te permitirán crear la habitación infantil con la que siempre has soñado sin gastar mucho.

?

- Más de 1.500 de los 2.000 participantes de una encuesta de OnePoll admitieron que sus hijos los animaban a comprometerse con el medio.[29]
- Para el 41 % de ellos, el hecho de ser padres ya es motivación suficiente.[30]

Y todo esto no solo se aplica a la habitación del bebé, que es probable que no necesites durante meses (nos la estamos empezando a plantear ahora, que va a cumplir cuatro), sino también al espacio que tenga en tu dormitorio, en el salón, el despacho o el jardín. Porque ya te digo que, al principio, donde tú estés, estará tu peque. Además, si cuentas con una zona exterior, ¡qué mejor espacio de juego en el que investigar y mancharse!

En cuanto a techos, paredes y suelos, no voy a repetirme, porque puedes aplicar lo mismo que he comentado en el capítulo «El dormitorio», junto con todas las bases del de «Cuestiones generales». Solo te digo que tengas en cuenta que tu bebé crecerá, así que mejor elegir colores neutros y jugar con la decoración después. También puedes poner una pared con pintura de pizarra, y le ofrecerás un lienzo gigante en el que pintar y jugar.

Muebles sostenibles y adaptables

No sé si te ha pasado, pero en mi caso fue contar que íbamos a tener un bebé y empezar a recibir un montón de consejos y recomendaciones sobre lo que tendríamos que comprar y lo mucho que nos iba a costar: cuna, cama, colchón, cómoda o cambiador, armario, estanterías... Si quieres hacerlo de forma sostenible, no son necesarias tantas cosas ni te van a costar un riñón.

Si ya tienes muebles, seguro que puedes reutilizarlos mientras sean seguros para tu peque, como vamos a hacer nosotros. Ahora que estamos en pleno proceso de montar su habitación —sí, casi cinco meses después de que naciera, ya que, como dormía con nosotros, no nos corría prisa—, te dejo algunos consejos que nos están viniendo genial:

1. Busca muebles de madera libres de pinturas, adhesivos y lacas tóxicas. Algunas siguen estando permitidas en dosis bajas.
2. Si lo prefieres, escoge los de bambú o los que están hechos con material reciclado: son una alternativa más sostenible que los convencionales.
3. Compra y vende de segunda mano. Te saldrán más económicos y es una opción sostenible. Cuando ya no los necesites, véndelos y saca algo de dinero para la siguiente necesidad de tu peque.
4. Elige muebles modulares y adaptables que crecen con tu bebé: cuna-cama, colchón de 90 cm en el suelo que luego puedas poner en una cama con almacenamiento, cambiador en la cómoda para guardar la ropa, estantería multiusos, escritorio convertible en mesa de juegos...
5. Comprueba que sean estables, sin bordes afilados, prácticos y fáciles de limpiar. ¡Seguridad ante todo!

En cualquier caso, diseña la habitación infantil pensando en que tu peque crecerá antes de lo que crees, así que lo más indicado es que tengas en cuenta que sus necesidades cambiarán: la cama tendrá que ser más grande, necesitará un armario de mayor capacidad, mesa y silla a su medida, espacio para estudiar y jugar... Si tu diseño es flexible, podrás remodelar su cuarto con poco esfuerzo y dinero. Esta recomendación también te sirve para el estilo: si pones una decoración muy infantil, a medida que crezca querrá cambiarlo. Si es más neutro, le durará más.

Cuna, cama...

En nuestro caso, hemos decidido hacer colecho, pero ya estamos a punto de llevar a la bebé a su habitación. Empezaremos acostándola allí para las siestas, poco a poco, y tenemos varias opciones que seguro que te encajan.

Dependiendo de la edad del bebé, se puede optar por una cuna o una cama infantil. De primeras, puedes ponerla a ras de suelo para que suba y baje sin ayuda y, cuando sea más mayor, convertirla en una cama con almacenamiento o en una cama nido, por si tiene invitados. Esta es la opción que vamos a poner nosotros, así podremos tumbarnos con ella a leer o a echar la siesta, y cuando empiece a gatear y moverse sola, podrá subir y bajar sin problema. De pequeña, se sentirá segura con una cama a su altura y, a medida que crezca, iremos adaptándola. Pensando en el medioambiente, los muebles duraderos y evolutivos contribuyen a reducir los residuos.

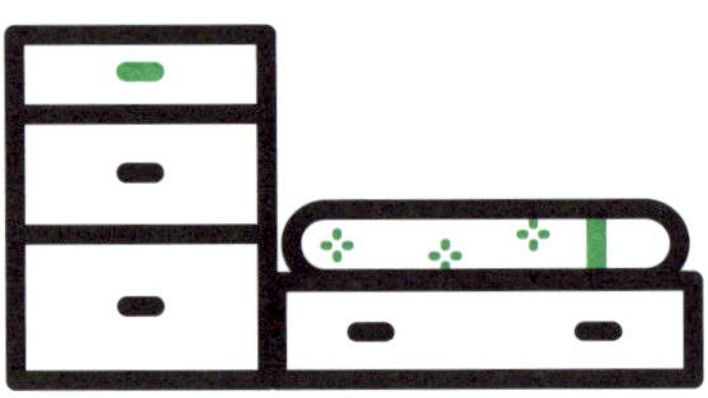

Colchón de cuna o cama

Como se suele decir, los bebés se pasan el día durmiendo. Los primeros meses pueden llegar a dormir... ¡18 horas al día! Durante el sueño, nos regeneramos, nos restauramos y procesamos y almacenamos la información, pero, además, los bebés y niños aprovechan para desarrollar huesos y músculos, incluido el cerebro.

Si quieres que su crecimiento y desarrollo sean óptimos, no escatimes en un buen colchón libre de tóxicos, tanto para la cuna (si la usáis) como para la cama. Te recomiendo los de látex 100 % natural con algodón orgánico o los de fibra de coco. Son seguros, reciclables y respetuosos con el medio.

Cambiador, cómoda y armario

El cambiador no suele usarse mucho pasado el año o año y medio del peque: se vuelven más inquietos y prefieren vestirse de pie o en la cama, aunque algunos lo usan hasta los tres años, depende de cada familia. Al estar en alto cuidará de tus lumbares mientras cambias al bebé, por lo que te recomiendo que te hagas con él. Nosotros nos hemos decantado por ponerlo encima de una cómoda que ya teníamos: así hemos reutilizado un mueble que seguirá usando en el futuro o que podremos utilizar en otro cuarto. Lo único temporal es el colchón, pero podremos usarlo con otros bebés o recircularlo.

En el primer cajón de la cómoda guardamos los pañales, las toallitas reutilizables, la ropa de la talla actual y todo lo necesario para los cambios, de manera que todo está accesible y es cómodo a la hora de vestirla o cambiarle el pañal.

- Los muebles ecológicos tienen que cumplir las normas internacionales. Comprueba si cuenta con las certificaciones FSC y PEFC, que indican una gestión forestal sostenible.

Cuando crezca, usa el último cajón de la cómoda, que estará a su altura, para guardar su ropa y que así tenga acceso a ella. Si lo combinas con un pequeño armario o un mueblecito con barra de colgar accesible, fomentarás su autonomía a la hora de vestirse. También puedes dejar una cesta o cubo para la ropa sucia en su cuarto: enséñale que se deja ahí al final del día y te ayudará a recoger.

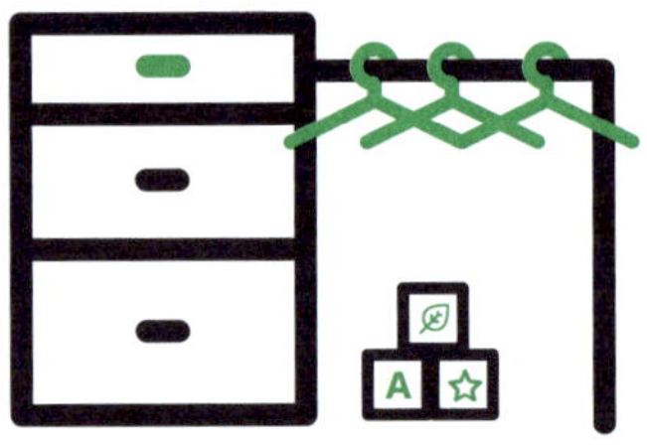

Poco a poco, siempre según su edad, puedes enseñarle a doblar y guardar la ropa limpia. Si cada cosa tiene su sitio, aprenderá a ordenar y cuidar de sus cosas. También puedes fomentar su autonomía si le enseñas a prepararse lo que se pondrá a la mañana siguiente. Los tiradores de la cómoda o del armario, o las perchas de pared, le permitirán colgarla sin que se arrugue. Y si encima tiene un espejo, podrá verse antes de salir de casa.

Todas las rutinas que crees en la infancia quedarán grabadas a fuego en su pequeño cerebro.

Cuando ya no necesite la cómoda, el mercado de segunda mano estará encantado de contar con una tan sostenible entre su oferta.

Respecto al armario sostenible, que también puede aplicarse a los peques, encontrarás información en el capítulo «El dormitorio» (pág. 104).

Almacenaje y orden

El orden es muy importante en una habitación infantil para separar ropa, juguetes, una zona de estudio para cuando crezcan y, sobre todo, espacio para jugar. La mejor solución es contar con muebles de almacenamiento que permitan guardarlo todo ordenado y que tenga a su alcance lo necesario para su día a día, fomentando así su independencia y desarrollo.

Elige estanterías y muebles contenedores bajos para los objetos grandes, cuentos y juguetes voluminosos, y aleja de su alcance las piezas pequeñas con las que juega supervisado o todo lo que quieras guardar para más adelante. La rotación de juguetes es genial para mantener el orden, ya que tendrá menos cosas en cada momento y hace que se aburra menos de los juguetes que tiene.

Para dejar a su alcance los juguetes, peluches y libros que más usa, puedes optar por una estantería sencilla o algún sistema de almacenaje que lo deje todo a la vista. Nosotros vamos a hacerle una librería adaptada en una de las paredes de su cuarto, con baldas en las que se sostienen los libros de frente para que tenga acceso a ellos. Además, son muy económicas: las encontrarás por menos de 8 euros.

Si no tienes mucho espacio, fija unos estantes a la pared: mantendrán el suelo despejado y dejarán los juguetes y libros a su alcance para que pueda cogerlos y guardarlos cuando acabe. Además de fomentar su autonomía, alegrarás su cuarto. Para los juegos que contienen muchas piezas, puedes guardarlos en cestas pequeñas: así será más fácil recogerlas y quedará todo organizado. Unos estantes altos te permitirán tener guardados el resto de los juguetes que estén fuera de la rotación.

Un carrito multifuncional también es una opción fantástica para el dormitorio infantil que te servirá durante muchos años. Primero, tendrás a mano los útiles de higiene y cambio de pañal; cuando sea más mayor, dejará los juguetes a su alcance; y, en el futuro, puede servir como almacenaje para colores, pinturas y todo lo necesario para las manualidades. Además, al tener ruedas, puedes moverlo por toda la casa, para cuando quieras que juegue en el salón o en el patio.

Los cofres de los juguetes son una buena opción si el espacio no es un problema para ti. ¡Ahí podrá guardar sus tesoros! Los hay de madera, con asiento, con ruedas... Estos últimos los podrás colocar donde te apetezca. ¿Quieres más espacio o tu peque prefiere jugar en otro sitio? Sácalo de la habitación. Si encima cuentan con distintos compartimentos, podrá poner los cochecitos en uno, las comiditas en otro y las piezas de construcción en el más grande. Así fomentarás la motricidad gruesa y le enseñarás la importancia del orden.

En la mesita de noche, o sobre la cama, puedes poner una luz indirecta para que, si le apetece, pueda mirar cuentos o te permita leerle una historia antes de dormir.

Nosotros no tenemos un cuarto gigante para ella, pero, jugando con algunas zonas multiusos, hemos pensado en crear un espacio de lectura que en el futuro será su cama, con un dosel por encima en el que podrá esconderse o imaginar que es un castillo... ¡O un cohete! También pondremos un mueble-estantería que servirá como mesa y, si le das la vuelta, puede usarse como mesa sensorial. Como ves, las posibilidades son infinitas.

Textiles

Como he comentado en otros capítulos, al pensar en la ropa de cama, las cortinas, la alfombra o incluso su ropa, lo más sostenible es decantarse por fibras vegetales u orgánicas, como el algodón, el lino, el esparto..., según de lo que se trate, claro. Además de ser más ecológicas, estas telas evitan las reacciones alérgicas: son menos agresivas porque no tienen tóxicos.

Para mí, uno de los textiles imprescindibles son las muselinas, tanto grandes como pequeñas. Las utilizamos para las babitas, el baño, taparla... Seguro que seguiremos usándolas como toallitas, para jugar... ¡Algunas son tan monas que son decorativas!

Ropa de cama y cortinas

Elige las de algodón sostenible 100 % natural, lino natural o cualquier otra fibra en la que no se hayan usado pesticidas o fertilizantes. Son transpirables, suaves al tacto y absorben la humedad, lo que evitará las irritaciones cutáneas de tu peque.

Podrás lavarlas a altas temperaturas para acabar con los microbios y las bacterias que puedan campar por allí, aunque es mejor hacerlo en frío para no estropear los tejidos y ser más sostenible. Si eliges estampados y colores atemporales, evitarás los cambios frecuentes. Cuando deje de usarlas o quieras renovar la decoración, ¿qué tal si las conviertes en unos bonitos trapos o pañuelos de tela?

Alfombras y cojines

¿Quieres que tu peque se sienta feliz en su cuarto? ¡Ofrécele lo que necesita! Una alfombra mullida que se pueda limpiar, unos bonitos cojines, guirnaldas de tela, un tipi casero... ¡No hay límites para la imaginación! Bueno, uno, el espacio, pero siempre hay opciones para hacer del cuarto de tu bebé un mundo abierto al juego y la creatividad cómodo, seguro y ecológico.

Para ello, elige alfombras de materiales sostenibles: mientras sea pequeño, decántate por el algodón orgánico, más suave y respetuoso con su delicada piel; cuando crezca, puedes optar por el sisal y el yute, fáciles de limpiar con un paño húmedo. En cualquier caso, intenta que sean duraderas. Si en algún momento quieres cambiar la decoración, dale otra vida en el mercado de segunda mano.

Si tienes poco espacio, encontrarás alfombrillas plegables que podrá usar para jugar o tumbarse en cualquier lugar de la casa y guardarlas cuando acabe. ¿Qué será, una sesión de volteretas o la cómoda lectura de un libro? ¡Lo que tu peque prefiera!

Pañales y toallitas

Pañales

Adentrémonos en el tema que más controversia y residuos crea: los pañales y la higiene del culito del bebé.

El mundo de los pañales de tela es muy guay. Aunque al principio te asuste, te aseguro que, después de los cuatro meses que llevamos nosotros, es más fácil y agradable de lo que parece. Desde mucho antes de quedarme embarazada, empecé a investigar sobre los pañales de tela reutilizables. Me parecen la opción lógica, dado que a mí no me gustaría llevar un pañal de plástico puesto 24 horas al día, al igual que no uso compresas desechables cuando menstrúo. No solo son la opción más sostenible, sino también la más respetuosa con el bebé, y te aseguro que no implican mucho esfuerzo extra.

Los pañales de tela reducen el problema de la generación de residuos. Algunos países, como Bélgica, ofrecen ayudas para comprarlos, y otros, como Reino Unido, impulsan su uso desde la Administración. Añádele a esto que, a largo plazo, son más económicos que los desechables, ya que los compras una vez y los usas durante años, incluso con varios bebés.

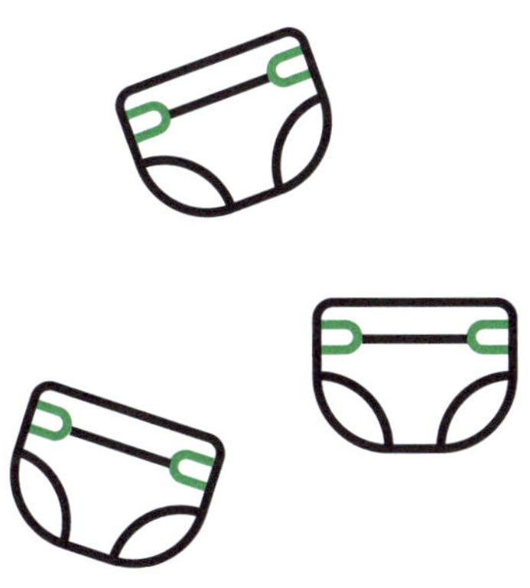

?

- Según Eroski Consumer, el 21 % del presupuesto familiar para un bebé se destina a la compra de pañales desechables, lo que supone, en dos años, unos 1.000 euros.[31]
- Para su descomposición, un pañal desechable necesita... ¡500 años![32]
- Según la Agencia de Residuos de Cataluña, en España se generan unos 1.500 millones de pañales desechables: ¡315 toneladas de residuos![33]

El pañal de tela tiene dos partes, absorbente y cobertor, aunque no tienen por qué ir separados. El absorbente, que está en contacto con la piel del culito del bebé, se encarga de absorber el pipí y retener la caca. Te recomiendo los de algodón, bambú, cáñamo o microfibras naturales como el Tencel, y una combinación para que sean más efectivos, dado que cada uno funciona a su manera. El cobertor es la parte exterior impermeable en la que se pone el absorbente y que hace que no se empape todo. Suelen ser de poliuretano, pero también los hay de Polar, WindPro y lana. En el mercado encontrarás pañales de varios tipos:

1. **Todo en 1.** El cobertor y el absorbente van cosidos en una única pieza (desde 24 euros).
2. **Todo en 2.** El cobertor va por un lado y el absorbente por otro (desde 14,50 euros).
3. **De bolsillo.** El cobertor tiene un bolsillo de tela donde se introduce el absorbente. El precio es similar al de los anteriores.

4. **Absorbentes**. Son los insertos que van dentro del pañal. Puedes comprarlos sueltos. Los hay simples, dobles, de algodón, cáñamo o bambú, con tejido siempre seco, etc. (desde los 3 euros).
5. **Ajustables.** El absorbente es un pañal entero que tiene que cubrirse con el cobertor para que no haya fugas en la ropa. Van por tallas (desde 13 euros).
6. **Gasas.** Son los picos de nuestras bisabuelas, una tela fina de algodón o bambú que se pone a modo de pañal. Para cerrarlas, se usan pinzas o imperdibles pañaleros y se cubren con el cobertor. Encontrarás *packs* de cinco o seis por unos 20 euros.
7. ***Preflats*.** Son absorbentes con forma de pañal que se atan con una pinza pañalera o la Snappy (desde 13 euros).
8. **Cobertores.** La parte exterior que evita que se filtren el pipi y la caca. Los hay de Pul, Polar, WindPro o lana, y en forma de pañal con *snaps* o velcros, en formato braguita o pantalón entero (desde 10 euros).

En cuanto a las tallas, lo más recomendable es que tengas un set para recién nacido con unos veinticinco pañales y algunos absorbentes más. Mientras solo tome leche, puedes reutilizar los cobertores, si no se han manchado de caca.

A partir de los 6-7 kilos, te recomiendo que te hagas con sets multitalla (conocidos como OS), que le durarán hasta que deje los pañales. Compra treinta o más para no tener que lavarlos cada dos días.

También te recomiendo que pruebes la higiene natural infantil, es decir, desde el principio, poner al bebé a hacer pis y caca en el orinal, el váter o, como nosotros, en el lavabo. Hemos empezado a practicarlo hace poco, solo en algunos momentos del día, como recién levantada o cuando vemos que tiene ganas de hacer caca. ¡Es genial para ella y para nosotros!

Toallitas

Los pediatras recomiendan no usar toallitas desechables por todos los químicos que contienen, así que aquí te dejo las alternativas que estamos usando y que más nos gustan:

1. **Agua y jabón.** Lo de toda la vida: palangana con agua y esponja vegetal, o mejor, toalla pequeña de algodón, una opción sostenible y supereconómica. Las tienes en *packs* de 10 por menos de 6 euros. Cuando estás en casa, es la mejor opción. Muchas veces metemos a la bebé directamente en el lavabo para limpiarla a fondo con agua y una toalla de algodón, sobre todo para grandes fugas.
2. **Toallitas de bebé lavables.** Solo tienes que añadirles agua antes de usarlas. Se llevan en un dispensador o una bolsita de tela, y sirven tanto para el culete como para las manos o la cara.
3. **Toallitas desechables ecológicas.** Están hechas con fibras naturales. Son más caras, pero más respetuosas con el medio. Lo ideal es dejarlas solo para emergencias.

Decoración

¿Ambientación de indios y vaqueros? ¿Princesas? ¿Piratas? ¿Prefieres dejar un ambiente neutro para que tu peque se imagine distintos escenarios? Dejad volar vuestra imaginación y, por muy poco dinero, podréis añadir los accesorios que queráis: orgánicos, reciclados, hechos a mano...

Empieza eliminando los plásticos de un solo uso con el que están fabricados muchos objetos y juguetes, y opta por la madera y el bambú: son *ecofriendly* y te durarán mucho más.

El rincón creativo

Como pasará tanto tiempo en su cuarto, busca un rinconcito para tu artista: una superficie donde pueda pintar, una mesa sensorial donde trabajar la psicomotricidad fina, juegos de trasvase... Hay muchas opciones para fomentar desde el principio la creatividad de tu bebé.

Y no olvides montar un rincón de lectura como el que te contaba que vamos a hacer nosotros. Si reutilizas la cama, no necesitarás mucho espacio.

Si quiere jugar, cierra la mesa o dedica otra zona. Añade una alfombra y unos cojines mulliditos para su comodidad y descanso, crear un fuerte o un tipi, leer cuentos... Todo lo que fomente la creatividad será bienvenido. Puedes añadir una hamaca nido o una silla colgante, que encontrarás de materiales sostenibles o de segunda mano.

Reduce, reutiliza y recicla

Es importante que le enseñes a tu peque la regla del «Menos es más» para que reduzca la cantidad de cosas que tiene en su habitación (los consejos del apartado «Almacenaje y orden» te ayudarán). Además, podéis reciclar o reutilizar muchos objetos para decorar su habitación:

- ¿Qué hacéis con los **botes de vidrio** en los que vienen alimentos del súper? Cuando los vaciéis, lavadlos y cread lámparas, recipientes para guardar objetos, portalápices... ¡Imaginación al poder! Dedicad una tarde a decorarlos y personalizar el espacio.

- ¿Le han regalado algo a tu peque dentro de una enorme **caja de cartón** y se ha puesto a jugar con ella en vez de hacer caso al regalo? Las cajas son estupendas como barcos, naves espaciales, casas, castillos... ¿Qué elegirá? Si la decoráis, ¡lo pasaréis en grande!
- Otra opción es enseñarle a **separar los residuos** en su cuarto: coged tres cajas de cartón pequeñas, pintadlas de azul, verde y amarillo, ¡y cread un rincón de reciclaje! Comprueba si algo se puede utilizar en algún proyecto de arte o en manualidades.

Lleva la naturaleza a su cuarto

Como ya has visto, es fundamental crear un espacio saludable en el que a tu peque le guste pasar el rato. ¿Qué tal si añades unas plantas de interior a la decoración? Puedes usarlas para destacar rincones o estanterías, o para decorar una pared. Como has visto en otras zonas, las plantas mejoran la calidad del aire, ya que filtran los contaminantes del ambiente y aumentan el nivel de humedad. Si las añades a su cuarto, despertarás su curiosidad por la naturaleza. Elige un sitio iluminado para ponerlas, pero procura que no les llegue el sol directo. También puedes implicarlo en el proceso si le pides que te ayude a elegirlas y se ocupa de cuidarlas.

No todas las plantas son adecuadas para la habitación de tu peque. Escoge las que no sean tóxicas, no produzcan alergias y, si quieres fomentar su autonomía, busca las que sean fáciles de cuidar. Según su edad, es importante que no dejes las plantas a su alcance. A los niños les gusta experimentar y tocarlo todo, así que mejor que estén en un lugar alto. El *pothos* y la sansevieria son seguras, pero evita las que tienen pinchos u hojas puntiagudas y comprueba que las macetas sean estables. No queremos sustos.

Los juguetes

Si tu peque aún no tiene edad para jugar, espera el momento con ganas, ¡porque lo pasaréis en grande! Mi hija está empezando a hacer caso a libros de tela, sonajeros y peluches, y me hace una ilusión tremenda jugar con ella. Mi sobrina, que tiene ahora dos años, está como loca con el juego de imitación, por lo que le encanta hacer lo mismo que nosotros, ya sea limpiar, cocinar o cuidar de un bebé.

El juego potencia la creatividad, fomenta el bienestar físico, social y emocional, y permite explorar el mundo adulto. Ayuda a crecer, desarrollarse y aprender, además de reforzar los vínculos con los demás. Para ello, los juguetes y los juegos deben dejar espacio a la imaginación, no darlo todo hecho. Lo mejor es que fomenten la creatividad, tengan varias funciones y puedan usarse durante mucho tiempo.

El cesto de los tesoros es ideal para cuando empiezan a jugar e investigar, hacia los seis meses, ya que se sienten y son más independientes. Se trata de una cesta con objetos cotidianos, como una flanera, un cepillo de madera, un bote de especias con garbanzos o lentejas, unas pinzas para la ropa de madera... Como ves, todos son materiales naturales y seguro que los tienes por casa.

Muchos juguetes y juegos actuales están hechos con plásticos que contienen un montón de productos tóxicos, aunque cada vez son más las empresas que sacan juguetes hechos con plástico reciclado, una forma genial de reutilizar materiales que, si no, acabarían en vertederos o en el mar. Como los bebés y los niños pequeños exploran con la boca por instinto, es importante evitarlos para proteger a los que más queremos. Los que llevan pilas tampoco son ecológicos, dado que su reciclaje exige muchos recursos al planeta. Elige juguetes seguros de cartón, madera, bambú o algodón. Sobre todo, evita los que tengan piezas pequeñas, cantos afilados o una procedencia dudosa. Recuerda: seguridad ante todo.

Los puzles también son muy buenos para fomentar su desarrollo mental. ¿Quieres pasar un rato divertido? Te aseguro que es una buena forma de conectar con tu versión mini. Y no pasa nada si no sabe hacerlo: déjale y ya descubrirá otras cosas que hacer con ellos.

Cómo no, también te recomiendo los peluches u objetos que imitan cosas reales, como verduras de peluche o animales. Con ellos podrás concienciarlos sobre la importancia de cuidar del entorno, el amor por los vegetales y animales, etc.

Como ya he comentado, es importante que los juguetes estén al alcance del peque para que decida a qué quiere jugar. Lo que no se ve, no existe, así que ofrécele solo los que sean adecuados para su edad y guarda los otros para más adelante. La rotación de juguetes es ideal para fomentar el juego sin que se aburra o se abrume por tener muchas opciones.

¿Tiene demasiados juguetes o algunos no son sostenibles, pero no quieres tirarlos o reciclarlos? ¡Dónalos! Una forma de hacerlo es poner una cesta en el centro de la habitación y pedirle que meta en ella aquellos juguetes y juegos que ya no quiera. De este modo, aprenderá a dar una segunda vida a lo que ya no usa o no le gusta. Cuando acabéis, solo os queda aprovechar el espacio extra que habéis conseguido para jugar.

Y recuerda: sal al campo y descubrid el mundo, esconde algo y pídele que lo busque, cantad y bailad como si no hubiera un mañana, cocinad juntos, haced ejercicio en familia, limpiad la casa y cread bonitas manualidades que personalizarán vuestro hogar. ¡Todo eso también es juego!

Ecología para peques

En este apartado voy a recoger la idea inicial: es importante que inculques valores sostenibles en tus hijos, aunque muchas veces suelen ser ellos los que los despiertan en nosotros. El futuro está en sus manos, ¿y qué mejor que saber que ellos también cuidarán del planeta? Para ello, no les des largos discursos ambientales, ¡ofréceles la posibilidad de explorar el entorno! Si aprenden a amar la naturaleza, el resto saldrá solo. Enseñamos con el ejemplo, así que cada pasito cuenta para fomentar su conciencia ambiental.

Deja que tu peque explore las piedras, las hojas secas, las hormigas y los caracoles, que se moje los pies en el río, que camine descalzo sobre la hierba o la arena mojada, que huela la tierra húmeda o las flores... No te preocupes por la suciedad, luego una ducha y la ropa a lavar. Estas experiencias emocionales, psicomotrices y sensoriales son magnificas para su desarrollo.

Ofrécele juegos y libros que promuevan la sostenibilidad, y hablad del tema sin «catastrofismo». Los cuentos de animales te ayudarán: todos los seres vivos, excepto el ser humano, respetan el ecosistema gracias a su instinto de supervivencia. La música de sonidos naturales acercará la naturaleza a tu casa y fomentará la calma. Otra opción es crear manualidades con material reciclado.

También puedes enseñarle ecología a través de la alimentación. Ofrécele frutas y verduras de temporada para que se acostumbre a comer productos buenos y sabrosos. Introduce platos 100 % vegetales no solo en su dieta, sino también en la vuestra, para reducir el impacto de la alimentación en el planeta. Cuando sea mayor, seguirá eligiendo productos de temporada y más proteína vegetal, incluso puede que sea vegano, así que colaborará en la protección de la Tierra.

5. La cocina

Mmmm, ¡qué bien huele! ¿Te apetece picar algo? La cocina es más que el lugar en el que se almacena, se prepara y se guarda la comida cocinada: aquí reconectas contigo mientras te tomas el café o el té de la mañana, compartes tiempo con los demás, cocinas para familia y amigos, te sientas a charlar, trabajas, estudias... ¡Y es un gran lugar para dar rienda suelta a la creatividad! Por desgracia, también es el sitio de la casa en el que más se consume y se desperdicia.

En este capítulo voy a enseñarte sus diferentes rincones y cómo puedes ser más sostenible en cada uno de ellos. El gasto de energía y agua en esta estancia también es un factor que debes tener en cuenta, ya que, al igual que el tipo de electrodomésticos y utensilios que uses, la separación de residuos o la limpieza, lo que elijas te permitirá ser más o menos sostenible y ahorrar o tirar el dinero al cubo de la basura (que, por cierto, también suele estar en la cocina). Recuerda que todo pequeño paso cuenta, así que toma nota para crear un espacio mucho más sostenible.

?

- Según el *ABC*, en 2023, España tiró 61 kg por persona de comida a la basura.[34]
- Como afirma la ONU, el desperdicio de alimentos genera entre el 8 y el 10 % de las emisiones mundiales de gases de efecto invernadero.[35]

Además de todo lo que hay en la cocina, lo que compras cada semana para llenarla, la comida, ha cambiado muchísimo en las últimas décadas, y estoy convencida de que seguirá haciéndolo en el futuro. ¿Qué comían nuestros abuelos? Pues tomates que sabían a tomate, deliciosas patatas y fruta sin tratar... Lo que les daba la tierra, ni más ni menos. ¿Hemos mejorado la forma de alimentarnos? ¿Compramos demasiado? ¿Y qué me dices de los platos preparados? La cuestión es cambiar de hábitos para sensibilizarte poco a poco respecto a los cambios que puedes implementar en la cocina y en tu forma de alimentarte para transformar tu casa, tener un cuerpo más sano y animar a los demás a adoptar este estilo de vida.

Agua y energía

En el primer capítulo ya has visto la importancia de ahorrar energía y agua, y te he hablado de aprovechar la luz natural y optar por las bombillas led, las más eficientes, así que en este apartado me centraré en darte algunos consejos para reducir el gasto en suministros en esta estancia concreta. Ya sabes, bueno para el planeta y para tu bolsillo:

- Contrata la potencia energética que necesites en casa.
- Comprueba que no tengas fugas en los grifos.
- Si es necesario, instala un filtro en el grifo para mejorar la calidad del agua que bebes. Puedes optar por uno de osmosis o un filtro de grifo.
- Instala un sistema *Cold start,* o arranque en frío, para evitar pérdidas de energía innecesarias al abrir el grifo.
- Lava los alimentos en un recipiente en lugar de dejar que corra el agua del grifo y recoge el agua sobrante para regar las plantas.
- Usa electrodomésticos eficientes: suponen un ahorro de hasta un 60 % en la factura de la luz.
- Escoge el modo ECO en tus electrodomésticos.
- Evita el consumo fantasma: desconecta los electrodomésticos, no los dejes en *stand by*. Para ello, puedes usar regletas con interruptor o sistemas inteligentes (vía *app* del móvil).
- Usa el lavavajillas a tope de carga en vez de lavar a mano; es más eficiente.
- Retira los restos de comida de los platos antes de meterlos en el lavavajillas. Yo uso una espátula, que encontrarás por 1 euro. Lo retira todo con facilidad.
- Sustituye el horno por el microondas para cocinar.
- Practica el *batch cooking*: planifica las comidas semanales y cocínalas en una tarde. Ahorrarás tiempo, aprovecharás

el calor y fregarás menos. No tienen que ser comidas completas: puedes dejar hechas algunas preparaciones para que luego te sea más fácil montar platos saludables.

¿Qué beneficios ambientales y económicos puede reportarte?

- Si friegas la vajilla de forma sostenible, el consumo de agua será más reducido.
- Cocinar sin grasa redunda en menos jabón que acabará en el medioambiente.
- El uso del lavavajillas reduce el consumo de agua.

- Al precio actual, fregar de forma sostenible hará que ahorres unos 20 o 30 euros al año.
- El ahorro de agua supone menos costes de energía.
- Si controlas lo que tiras por el desagüe, te ahorrarás un buen dinero en reparaciones.

Electrodomésticos

La de cosas que enchufamos en la cocina, y lo que consumen muchas de ellas... Nos mudamos hace unos meses y la cocina estaba ya amueblada, pero al estilo de hace... ¡veinticinco años! Ya os podéis imaginar lo que consumen nuestros electrodomésticos... Solo cambiando la nevera que había en la cocina por una más nueva que tenían en el garaje hemos bajado casi 20 euros la factura de la luz. Y porque no tenemos, o casi no usamos, muchos de los que suelen estar en los hogares: tostadora, hervidor de agua, secadora, cafetera, freidora de aire, etc. Y ya no hablemos de las luces, claro... ¿Te has parado a pensar en lo que se gasta en esta zona?

Da igual que tengas una cocina de *Cuéntame* o una supermoderna: hay mucho que puedes hacer para ahorrar energía y dinerito. Como de las luces, las energías renovables y el aislamiento ya he hablado en el capítulo «Cuestiones generales», me centraré en los elementos concretos de esta parte del hogar, como optar por electrodomésticos de bajo consumo, usar métodos de cocina como el vapor o el fuego lento, o el compostaje de los residuos orgánicos.

Los electrodomésticos que podríamos llamar *ecológicos* son los que tienen una clase de eficiencia energética alta, cuentan con programas ECO, son durables, están hechos con materiales reciclables y se producen con energía verde.

En este apartado voy a darte algunas claves para que saques el mejor partido energético a los electrodomésticos que ya tienes y, si te estás planteando la compra de alguno, lo hagas con conciencia y siendo respetuoso con el medio.

Lavavajillas

Hasta hace no mucho, todo el mundo lavaba la vajilla y la cristalería a mano —igual aún lo haces—, pero la comodidad y el ahorro que ofrecen los lavavajillas indica que son un gran electrodoméstico que ha venido para quedarse.

Úsalo siempre lleno del todo o aprovecha el programa de media carga. Si tienes que comprarlo o renovarlo, elige el modelo más eficiente que puedas permitirte (si puedes, de eficiencia energética A), ya que ahorrarás agua y energía, y evitarás los ruidos. Los ciclos de lavado ECO ajustan la cantidad de agua, la temperatura y el tiempo de lavado.

- Según un estudio de la OCU, lavar veinte piezas en el lavavajillas es más barato que en el fregadero, tanto por energía como por el agua que gasta.[36]

¿Y qué tipo de detergente es mejor para el lavavajillas: polvo, gel, pastillas o cápsulas? Según la OCU, las pastillas y cápsulas no te permiten ajustar la dosis al programa que vayas a poner, pero su limpieza es más eficiente, porque las «todo en uno» incluyen abrillantador y sal. Sin embargo, las cápsulas están recubiertas de plástico, y eso tiene un gran impacto en el medio debido a la liberación de microplásticos en cada lavado. Si usas el detergente en polvo o gel, ahorrarás, pero decántate por sus versiones ecológicas.

Nevera

Es un invento increíble: mantiene fresca la bebida, conserva los alimentos, congela preparaciones o productos frescos para tomarlos durante la semana... Es una gran aliada. Pero ¿la cuidas como se merece? ¿Sabes hacer que su uso sea lo más eficiente posible?

Si comparas la potencia eléctrica que usa una nevera con la que utilizan otros electrodomésticos más pequeños, te darás cuenta de que no es muy alta —nevera: 200 kWh; secador de pelo: 2.000 kWh—, pero, como está encendida las 24 horas del día, representa entre un 18 y un 30 % del consumo eléctrico del hogar, según su clasificación energética, su mantenimiento y cómo la uses. Hay diversos tipos de frigoríficos: combis, de una puerta o dos (con el congelador arriba), americanos... Todo depende de tus necesidades o de lo que te hayas encontrado en casa.

Aquí voy a darte unos consejos para que tu nevera, nueva o vieja, consuma menos:

- **Aléjala de las fuentes de calor,** como el horno, el lavavajillas, los radiadores y, por supuesto, el sol.
- **Regula el termostato.** La temperatura idónea son 5 °C para la nevera y –18 °C para el congelador. Si bajas esa temperatura, pagarás un 5 % más por cada grado.
- Asegúrate de que las **puertas cierran bien** para que conserve el frío.
- **Ábrela lo menos posible.** Ordena bien los alimentos y piensa en todo lo que tienes que sacar antes de abrirla.
- **No metas alimentos calientes.** Si lo haces, el motor tendrá que volver a conectarse para recuperar la temperatura que marque el termostato.
- **Descongela en la nevera.** Aprovecharás el frío del alimento congelado y el motor no tendrá que activarse tantas veces.
- **Descongélala cada cierto tiempo.** Si no es *no frost*, a los pocos meses tu congelador se parecerá al Polo Norte y el motor tendrá que trabajar más para lidiar con esos kilos de hielo.

- **Llénala bien.** El aire mantiene peor el frío que los sólidos. Si está medio vacía, la temperatura bajará cuando la abras. Una opción es llenarla con botellas de agua del grifo.
- **Los alimentos, bien tapados.** Si no es así, liberarán humedad y harán trabajar más el compresor.
- **Evita el hielo y la escarcha.** El motor tendrá que trabajar más y tu consumo se disparará.
- **El condensador, limpio y ventilado.** Una vez al año, límpialo para evitar que el polvo le impida refrigerarse.
- **Distancia.** Suele pegarse a la pared, pero necesita estar a, al menos, 3 cm de distancia para disipar correctamente el calor.

Si pones en práctica estos consejos, serás mucho más eficiente en tu hogar y tu factura se verá reducida. Para controlar lo que guardas en la nevera, te recomiendo que vayas al apartado «Alimentos», en este mismo capítulo.

Microondas

Primero, carguémonos el mito: se ha demostrado que no emite radiaciones nocivas, no contamina el agua ni modifica la composición de los alimentos.

La cocción de las verduras en el micro es de mis formas de cocinar favoritas, ya que no se pierden sus vitaminas y es muy rápido. Para hacerlo, pon dos cucharadas de agua en tu recipiente de microondas, tápalo y, cuando se caliente, se formará vapor que cocinará los alimentos. Además, es saludable, ya que las verduras mantienen todas sus propiedades, quedan sabrosas y encima no usas aceite. Te recomiendo que lo añadas en crudo, junto con la sal, cuando lo saques, para aportarles sabor y nutrientes. En casa llevamos años usando este método.

?

- Se estima que en la UE hay unos 140 millones de microondas.[37]
- La OMS defiende su uso como un electrodoméstico seguro para la salud.[38]

Aquí te dejo algunos consejos que espero que te sean de ayuda a la hora de usar tu microondas:

- **Tapa la comida.** Como se calientan antes las partes del alimento con más agua o grasa, si lo tapas, el vapor lo cocinará de forma homogénea y evitarás las salpicaduras. Encontrarás tapas de microondas por 1 euro.
- **Calcula bien los tiempos.** No te guíes por los tiempos del horno: el micro es más rápido, con el consiguiente ahorro de energía.
- **Controla las cantidades.** Cuanta más comida pongas, más tiempo de cocción necesitará.
- **Saca, remueve y vuelve a meter.** Si calientas mucha cantidad de comida o un puré, por ejemplo, sácalo para mezclar la parte fría con la que ya se ha calentado y vuelve a meterlo.
- **Seguridad ante todo.** Ten cuidado al coger el recipiente, ya que muchos absorben el calor.
- **Descongelación.** Añade un poco de agua para que lo haga de forma homogénea. Aunque lo mejor es descongelar en la nevera.
- **Utiliza los recipientes apropiados.** Los mejores son los de cristal o silicona. El plástico tiene que ser apto para altas temperaturas, aunque te recomiendo que intentes evitar su uso para calentar comida.

- **Truco.** Si metes un vaso de agua con la comida, hará efecto vapor al calentarse y los alimentos quedarán menos secos.
- **Limpia el micro.** Para el uso diario, límpialo con agua y jabón que elimina las incrustaciones del interior, la puerta y las juntas. Para una limpieza profunda, pon a calentar un recipiente con agua y vinagre blanco durante 2 minutos, pasa un trapo por el micro y saldrá toda la suciedad.

Si después de leer este libro te duelen las cervicales, además de invitarte a pasar por el capítulo «El despacho y la zona de estudio» para ver mis consejos sobre ergonomía, puedes meter un cojín de legumbres en el micro, calentarlo durante 3 minutos y ponértelo en la nuca. ¡Un imprescindible en mi casa!

Fuegos, vitro, horno y campana extractora

Es fundamental que elijas el tipo de cocina más adecuado para ahorrar energía y dinero, pero muchas veces hay la que hay, ya sea eléctrica o de gas, así que, como con la nevera, voy a darte consejos para que la uses de manera eficiente mientras cocinas tus superrecetas:

- **A cada sartén, cazuela y olla, su fuego.** Usa el tamaño correcto para aprovechar la energía. Si pones una sartén pequeña en un fuego grande, no se calentará antes, derrocharás energía. Una sartén grande en un fuego pequeño tardará más en calentarse y no cocinará de manera uniforme.
- **Usa la tapa.** Evitarás la pérdida de calor y se reducirá el tiempo de cocción.

- **Aprovecha el calor residual.** En los últimos minutos de cocción, apaga el fuego y aprovecha el calor que queda para ahorrar luz.
- **Calidad, no cantidad.** Mejor tener una sartén de calidad de tamaño medio, que tres de peor calidad por tener tamaños distintos.
- **Ollas exprés y rápidas.** Reducen el tiempo de cocción y el uso de energía.

No sé si tienes una cocina de gas, vitro o inducción, pero voy a resumir las características de cada una para que, si en algún momento te planteas cambiarla, elijas el modelo más adecuado para ti y para el planeta:

- **Gas.** Se consideran más eficientes porque la energía no se transforma, como en la electricidad, y son las mejores si te gusta cocinar porque dan un sabor especial a los platos, pero es un combustible fósil que contiene contaminantes relacionados con su extracción.
- **Vitrocerámicas.** Calientan de forma progresiva, ideal para la cocción de algunos alimentos; conservan bien el calor residual; es la opción más económica; y en ellas se puede usar cualquier tipo de menaje.
- **Placas de inducción.** Son las más sostenibles y seguras, se calientan al instante, y, por tanto, gastan un 30 % menos electricidad que las vitros. Eso sí, necesitarás un menaje especial para usarlas. Y cuidado con despistarte, porque son muy potentes y pueden quemarte la comida, ¡o las sartenes!

La limpieza de la vitro y las placas es fácil, porque es una superficie lisa y sin ranuras, pero hay una diferencia: en las placas es más fácil y rápida, ya que los alimentos no se adhieren como en la vitro, así que usarás menos productos para limpiarlas. Mucho ojo con los detergentes: pueden ser muy corrosivos y acabar en las cañerías. Usa agua y jabón, ¡y frota con energía!

El horno, aunque solo lo uses para preparar cuatro pizzas y unas verduras asadas, consume mucha energía. Lo mejor es que, mientras esté funcionando, lo abras lo mínimo posible. Cuando lo enciendas, aprovecha para preparar varias recetas a la vez y optimizarás su uso.

Si no es muy antiguo, se calentará con rapidez, y podrás ahorrarte el precalentado que indican algunas recetas. No podrás hacerlo con los bizcochos, las pizzas, el pan o las galletas, que necesita precalentarse antes de que metas la masa, pero sí con otras preparaciones. Como en los últimos 5 o 10 minutos queda calor residual, apágalo y ahorrarás energía. Para limpiarlo, usa bicarbonato en vez de cáusticos, y, si se te derrama algo, cúbrelo con sal y frota cuando se enfríe el horno. En cualquier caso, como te he dicho, si puedes elegir, mejor el micro.

Si no quieres que el frío o el calor exterior entren en tu cocina, te recomiendo que inviertas (muy poco, te lo aseguro) en una válvula antirretorno para la campana extractora de humos: se abre cuando sale el humo y se cierra después. Y no olvides limpiar los filtros cada semana para que funcione mejor.

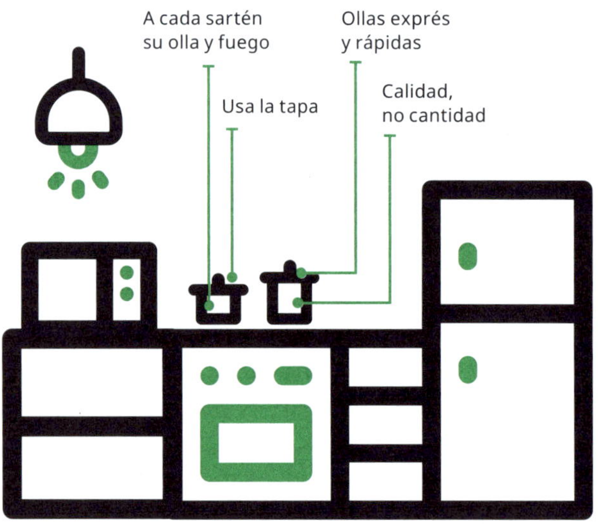

Útiles para cocinar y conservar los alimentos

¡Mira que se pueden llegar a acumular cacharros en la cocina! Si has ido siguiendo mis consejos, seguro que has empezado a simplificar tu vida y, por supuesto, los armarios y los cajones de la cocina. En este apartado te voy a hablar de los cacharros generales que usamos para cocinar: ollas, cacerolas, sartenes, utensilios (espátula, cucharón, colador, espumadera...), táperes...

Mucho del menaje que utilizamos en la actualidad ya se usaba hace cien años, pero ahora hay versiones plásticas que nada tienen que ver con las de antaño, y eso me preocupa. A todos los plásticos les afecta el calor, de manera que los aditivos químicos que les añaden —recuerda que el plástico es un derivado del petróleo— se pueden filtrar en los alimentos. Hay países que han prohibido estos aditivos, pero, en la medida que puedas, yo que tú los evitaría.

También los materiales antiadherentes de las sartenes, como el teflón, contienen carcinógenos y toxinas que pueden provocar enfermedades: tocan la comida que va a tu boca y a las de los tuyos, ¡así que imagina lo importante que es alejarse de él! Unas buenas sartenes, como las opciones antiadherentes con revestimientos de sol-gel, serán la mejor elección tanto para el planeta como para tu salud. ¡Y las puedes encontrar por 15 euros!

Sartenes y ollas

Veamos qué material es más adecuado y sostenible:

- **Acero y acero inoxidable.** Su huella de carbono es más baja que la del aluminio y duran mucho. No conducen bien el calor, así que se les añade cobre o aluminio en la base. Si no se tratan, no son antiadherentes. Se utilizan mucho en la cocina: si aprendes a usarlas correctamente, dejan muy buen sabor a los alimentos cocinados (desde 15 euros).

- **Aluminio.** Dura menos que el cobre o el acero, necesita más energía para fabricarse y su huella de carbono es mayor. Su punto fuerte es que no pesa (desde 15 euros).
- **Cerámica y vidrio.** Utilizan arena y arcilla como materias primas, pero no son fáciles de reciclar. Eso sí, son estéticas y llamativas. Nosotros tenemos una de cerámica para hacer pan o guisos a fuego lento porque conserva y reparte muy bien el calor (desde 10 euros).
- **Cobre.** Conduce muy bien el calor y es muy duradero, a la par que el material más caro del mercado... (desde 50 euros).
- **Hierro fundido.** Es duradero, muy barato, reciclable y versátil, aunque pesa bastante y hay que cuidarlo con mucho mimo (desde 10 euros).

Personalmente, mis favoritas son las de hierro fundido o acero inoxidable sin capa antiadherente, tanto por su durabilidad como por su baja huella de carbono. Para no acumular ni gastar demasiado, es mejor que puedas usar tu batería de cocina y tus sartenes de muchas maneras (recuerda: menos es más), y evita las que tienen mangos de plástico si vas a meterlas en el horno. Si las usas tapadas, gastarás un 40 % menos de energía, así que no te olvides de hacerlo.

Una buena opción para ahorrar energía y agua son las ollas a presión o rápidas: tardas menos en preparar los platos y necesitas poner menos agua a hervir, aunque el sabor no es el mismo que si cocinas a fuego lento, claro.

Utensilios de cocina

En este caso, mi filosofía es exactamente la misma que con la ropa: monta un armario cápsula que contenga solo lo que necesites, no acumules. Ahorrarás y mirarás por el planeta. Voy a incluir aquí los platos, vasos y cubiertos, que en el fondo son útiles para comer y beber. Si hay algún utensilio que crees que lo usarás veces contadas, más vale que se lo pidas prestado a alguien que lo tenga. Los imprescindibles para mí serían estos:

- Vajilla de cerámica.
- Vasos de cristal.
- Tazas de cerámica.
- Cubiertos de acero inoxidable.
- Tablas de cortar de madera o bambú.
- Utensilios de acero inoxidable, silicona, bambú o madera.

Si tienes invitados, sé sostenible y saca la vajilla y la cristalería de verdad, no los platos y vasos de plástico, ni los de poliestireno. En casa no tenemos. También encontrarás en el mercado opciones de papel reciclado, pero siempre será más sostenible que uses tus platos de verdad que los de usar y tirar. ¿Y no gasto más agua al lavarlos? Crear platos, vasos y cubiertos desechables consume mucha más agua y energía, y genera residuos. ¿Y el tiempo que pierdo? Piensa que, como tienen restos de comida, esos platos de papel no podrás reciclarlos, además de que, si los han blanqueado, habrán usado compuestos de cloro y otros químicos... Si no es así, podrás hacer compost con ellos (te explico cómo en el capítulo «El balcón, la terraza y el jardín», (págs. 235-236). Lo mismo te digo respecto a los cubiertos: saca los de diario y, cuando acabes, lávalos.

Envases

Si ya cuentas con envases y táperes de plástico, úsalos todo lo que puedas, pero evita que sea con alimentos calientes para no introducir tóxicos en tu comida. Para calentar alimentos, es mejor que te decantes por los envases de cristal, y para guardarlos calientes también puedes optar por los de acero inoxidable, que además te sirven para llevarte una rica ensalada o alimentos que no tengas que calentar a la oficina, la escuela o al parque para hacer un pícnic.

Al principio se usaban para transportar alimentos, pero con el paso del tiempo han llenado la casa de envases innecesarios que han evolucionado para incorporar nuevos materiales que los conservan mejor, aunque también son más tóxicos: bolsas de patatas con plástico metalizado, cartones de leche multiestriados, etc. Pero ¿cómo se reciclan esas mezclas? Ya te lo digo yo: suelen acabar en el contenedor gris porque no sabemos cómo separarlos, o no son reciclables. Y de ahí van al vertedero o al ecosistema. La fabricación de esos plásticos combinados necesita muchos procesos químicos, de manera que no es nada respetuosa con el medio: toxinas, polímeros plásticos, gases nocivos cuando se incineran... En España no contamos ni con plantas para reciclar los briks...

En caso de que compres algo envasado, decántate por productos en grandes cantidades que podrás separar y congelar para cuando los necesites, y por los que vayan en envases reciclables o reutilizables. El metal, el papel o el vidrio son las mejores opciones, aunque ten en cuenta que el papel es natural y compostable, pero necesita muchos recursos para fabricarse; el metal se recicla, pero para extraerlo se usan muchos recursos; y el vidrio es excelente y duradero, pero su reciclaje requiere mucha energía. ¿Cuál eliges? Decide en función del caso, y si puedes optar por comprar a granel, ¡mejor!

Las bolsas para bocatas, por ejemplo, de un solo uso, puedes cambiarlas por recipientes o bolsas reutilizables de plástico reciclado o silicona. También puedes usar las fiambreras de toda la vida o reutilizar los envases que tengas por casa.

?

- Estas bolsitas son tan prácticas que en España se calcula que se usan 180 por habitante y año.[39]
- Existen bolsas estilo zip reutilizables hechas de silicona de grado alimentario que sirven para calentar, congelar, transportar, hervir alimentos y mucho más.

Desechables

Como en el baño, en la cocina se suelen usar un montón de desechables de los que, con cabeza, podrías prescindir, como el papel y las bandejas de aluminio, el film transparente, el papel vegetal, las cápsulas de café, las bolsitas de té, el rollo de cocina y las servilletas de papel o las bolsas de basura. Vamos a ver las mejores alternativas a todos estos productos de un solo uso.

Papel y bandejas de aluminio y film transparente

En función de para qué los necesites, existen muchas alternativas. Para tapar alimentos, opta por poner un plato encima de otro, como hacían nuestras abuelas, o, si quieres algo más sofisticado, hazte con unos envoltorios de cera de soja, que incluso puedes hacer en casa y así adaptar tamaños y diseños a tus gustos y necesidades. También puedes usar las tapas reutilizables de silicona que encontrarás en el mercado por menos de 5 euros el *pack* de 3, o meter el alimento en táperes de cristal o de plástico, si está frío. Para cocinar, usa bandejas de vidrio o cerámica, o bien cazuelas refractarias con tapa. Solo tendrás que lavarlas después de usarlas.

Papel vegetal o sulfurizado

Si te gusta preparar tartas, pan y galletas, seguro que sabes de qué te hablo, y te informo de que existen diferentes alternativas. Mi recomendación, y lo que más usamos nosotros en casa, es que engrases los moldes, como antiguamente, o que uses moldes de silicona, que podrás utilizar muchas veces y no se pega nada. También hay unas planchas de silicona que se usan como el papel vegetal para hornear y son reutilizables. Las puedes encontrar desde 4 euros.

Rollo de cocina y servilletas de papel

Para evitar el papel de cocina, por absorbente y práctico que sea, usa trapos de algodón orgánico, hojas de bambú reutilizable o recicla tus viejas toallas. Por lo que se refiere a las servilletas, lo mismo: cómpralas de lino, algodón orgánico u otra fibra ecológica sostenible. Son más bonitas y resistentes, y el planeta te lo agradecerá. Además, si vas a una tienda de segunda mano, seguro que encuentras juegos de servilletas preciosos a muy buen precio.

?

- Según Solunion, al año se usan en el mundo 6,5 millones de toneladas de papel de cocina.[40]
- Mucha gente piensa que las servilletas de papel y el rollo se pueden reciclar, aunque tengan restos de alimentos, pero ¡no es así!

Bolsas de basura

En el fondo, cuando pones la bolsa de basura en el cubo, lo que evitas es que se manche y huela por culpa de los restos que tiras y, además, te permite llevar la basura al contenedor con facilidad. Eso sí, es gastar un dinero que va, literalmente, directo al cubo de la basura. Aquí te dejo algunos consejos:

- **Sé consciente de tu impacto en el medio.** Analiza tu basura y averigua qué puedes ir reduciendo poco a poco.
- **Lava el cubo o los cubos de basura.** Cuando los vacíes, lávalos, no pongas otra bolsa. Por ejemplo, para el papel, reutiliza la misma bolsa, al igual que para el vidrio, y vacíala en el contenedor correspondiente.
- **Basura seca.** Si en algún cubo recoges basura seca (como en el baño, con rollos de papel higiénico, botes de plástico...), no necesita bolsa.
- **El cubo de restos orgánicos no necesita bolsa**, y menos si los vas a compostar. Si huele, lávalo con agua y bicarbonato. En el caso de que lo tires al contenedor de la basura orgánica, opta por un cubo para los residuos orgánicos con orificios para que circule el aire (menos de 7 euros), y usa bolsas compostables. Algunos ayuntamientos las ofrecen gratis.
- **Reutiliza las bolsas de papel o plástico** que te den cuando vayas a comprar para el resto y los envases.
- **Si tienes que comprarlas,** busca las de plástico reciclado. ¡Cada vez hay más modelos compostables en el mercado!

De todas formas, si sigues mis consejos, estoy convencida de que tu cantidad de residuos será mucho más baja, así que podrás limitar el uso de bolsas. Nosotros apenas tenemos que ir a tirar la basura, porque producimos menos de la habitual.

Desayuno: té o café

Después del agua, el té es la bebida más consumida en el mundo, pero quizá tú prefieras el café para despertarte por la mañana... Muchos necesitamos un buen chute para enfrentarnos al nuevo día o nos gusta disfrutar de su sabor. Nuestro vertiginoso ritmo de vida nos ha hecho optar cada vez más por versiones rápidas que nos permitan no perder tiempo antes de ponernos a estudiar o ir al trabajo, y eso ha llenado el mercado de opciones exprés para conseguirlo.

¿Cuál es el problema? Como siempre, los envases y cómo los preparamos. Si eres de los que compran a granel y usan métodos tradicionales, como una tetera o una cafetera italiana, no te digo nada, pero si tu té viene en bolsitas y el café es de cápsulas, voy a darte algunas alternativas.

Para el té, la mejor opción es comprarlo a granel y meterlo en un infusor metálico individual o usar una tetera con filtro. El mejor es el té orgánico certificado, en cuyo cultivo no se usan pesticidas, herbicidas ni fertilizantes sintéticos. Te aseguro que el sabor es mejor, y aprovecharás todas sus propiedades. Si tienes huerto en casa (del que te hablaré en el capítulo «El balcón, la terraza y el jardín», págs. 240-241), puedes cultivar hierbas para prepararte infusiones deliciosas.

Por lo que se refiere al café, según la International Coffee Organization (ICO), España está en el puesto 19 del ranking de países consumidores de café, ¡con 4,5 kg por persona al año![41] La forma de prepararlo impacta mucho: evita las cápsulas, que no son reciclables, o el uso de filtros desechables. En casa usamos la cafetera italiana o el *press* francés, aunque nada como una máquina expreso, si eres fan del buen café. Si usas una cafetera de filtro, opta por las que los llevan reutilizables, que cada vez los hay en más sitios. El *press* francés sirve para hacer té e incluso espumar leches vegetales para el café. Si eres un amante del café solo, puedes prepararlo en frío con el método *cold brew*: luego solo tendrás que filtrarlo, y no necesitas ni energía para calentar el agua.

Por supuesto, opta por café de especialidad de origen ético (por ejemplo, con la certificación Rainforest Alliance): además de tener mejor sabor y más propiedades, es más bueno para el planeta y para los que lo cultivan.

Alimentación sostenible

Está claro, somos lo que comemos. El número de habitantes del planeta crece a diario, y cada vez somos más los que tenemos la necesidad de alimentarnos. Y lo que comemos influye en la salud de la Tierra: se deforestan zonas para cubrir las exigencias de cultivo, las aguas se contaminan por el excesivo uso de fertilizantes y tóxicos, las emisiones aumentan por el transporte de productos de países lejanos... ¿Seremos capaces de comer sin acabar con el planeta?

?

- Según Eurostat, en 2022 se tiraron a la basura en España 1,2 millones de toneladas de comida, 1,17 millones dentro de los hogares.[42]
- Según la FAO, el desperdicio mundial de alimentos supone un 8 % de todas las emisiones de gases de efecto invernadero, casi el mismo porcentaje de las emisiones mundiales del transporte por carretera.[43]

Sí, es posible, pero siempre que te bases en ingredientes locales, de temporada y vegetales, para que tenga el menor impacto negativo posible. Y muy importante: evita o reduce al máximo el desperdicio, del que te hablaré más adelante.

En mi caso, he optado por alimentarme 100 % a base de plantas, dado el enorme impacto de los productos animales, como las concentraciones de metano en la atmósfera, que pueden hacer que las temperaturas aumenten hasta 6 °C en el próximo siglo. También influye en la deforestación y la pérdida de la biodiversidad, así que para mí la elección está clara: evita la muerte y el sufrimiento animal, y beneficia al planeta y a mi salud. Llevar una dieta a base de fruta, verdura, cereales, frutos secos, etc., junto a alternativas vegetales a la proteína animal, reduce el colesterol y las grasas saturadas. Además, no quiero ver a los animales en mi plato ni utilizarlos para mi disfrute.

En la actualidad existen muchas alternativas vegetales que pueden sustituir la proteína animal:

- **Lentejas:** aportan proteínas, potasio, vitamina B6, magnesio y hierro.
- **Alubias:** todos sus tipos están llenos de proteínas, magnesio y hierro.
- **Garbanzos:** mis favoritos por todos los platos que puedes preparar con ellos, desde salados a dulces. Aportan proteínas, potasio y vitamina E.
- **Guisantes:** muy usados en formato texturizado. Tienen una textura muy agradable y contienen más proteínas.
- **Derivados de la soja:** como el tofu, la soja texturizada, los yogures a base de soja, las bebidas vegetales, etc. Aportan proteínas, calcio y hierro.
- **Gluten de trigo:** con él se prepara el seitán, una carne vegetal rica en proteínas y muy versátil.
- **Procesados:** a base de soja, guisantes u otras legumbres. En el mercado encontrarás alternativas geniales para incluir en tu dieta en momentos puntuales.
- **Frutos secos:** contienen grasas y proteínas saludables. Los puedes tomar enteros, molidos, en crema... ¡Hay muchas opciones!

Partamos de una base: cuanto más naturales sean los alimentos que consumas, mejor. Si puedes, prepáralos tú, trata de no comprar comida precocinada. Y eso también se extiende a lo que bebes: el agua es mejor para el medioambiente y para tu salud, así que, en la medida que puedas, evita los refrescos y las bebidas azucaradas.

El desperdicio alimentario

¿Quieres practicar la cocina sostenible y dejar de tirar comida? El llamado *desperdicio alimentario* está formado por productos agrícolas y alimentarios descartados de la cadena alimentaria que siguen siendo aptos para el consumo, pero, a falta de posibles usos alternativos, terminan desechados como residuo.

Según diversos estudios que se han realizado en la Unión Europea, el 70 % del desperdicio surge en las casas y en los servicios de restauración, mientras que la producción y el procesamiento de los alimentos contribuyen al 30 % restante. Como ves, es un problema global del que solo somos conscientes, según una encuesta realizada por el Eurobarómetro en 2015, el 76 % de la población europea.

En los últimos años, el desperdicio en España se está reduciendo, aunque sigue a niveles muy altos, y se cree que es gracias a una mayor concienciación. Ha aumentado el desperdicio de platos cocinados con carne o pescado, pero ha descendido en las legumbres. La tendencia es pasarse a una dieta más vegetal, o quizá se está descubriendo una nueva forma de usar las legumbres que gusta más en casa, incluyendo a los peques. En cuanto a los platos cocinados, se ha visto un mayor desperdicio de alimentos baratos como el arroz o la pasta, lo que tiene un gran impacto medioambiental.

Debido a este problema, es importante aprender a evitar los residuos, así que vamos a empezar por el principio: cómo comprar.

Guía para comprar sin residuos

Ir a la compra y tratar de generar el mínimo de residuos posible conlleva una planificación previa. Además, te ayudará a ahorrar, porque sabrás qué vas a meter en casa y evitarás desechar por no haber consumido algo a tiempo.

Preparación

Voy a explicarte paso a paso qué puedes hacer en esta etapa para que lo que salga de tu casa (porque te lo comas) y lo que entre (lo que compres) evite el desperdicio de alimentos:

1. **Abre la despensa**, comprueba todo lo que tienes y anótalo en una libreta. Luego, haz lo mismo con la nevera y el congelador.
2. **Planifica las comidas de la semana**. Elige qué platos prepararás y qué ingredientes necesitarás. Cuando lo escribas, incluye los alimentos que ya tengas en casa, para no comprar tantos y evitar que se desperdicien.
3. **Haz la lista de la compra** separada por establecimientos: lo que puedas comprar a granel en tu tienda de confianza ponlo en una lista, los frescos del mercado o de la frutería en otra, y así con todo.
4. Si es la primera vez que vas a hacer una compra sin residuos y no sabes dónde ir, **busca comercios a tu alrededor**. Para encontrar tiendas a granel, abre Google Maps y escribe «tienda a granel» o «granel» y te saldrán las más cercanas. Si no hay ninguna cerca y ningún otro comercio de tu zona tiene la sección a granel (algo que es cada vez más común), puedes optar por una tienda *online*, desde la que te enviarán los productos en sobres de papel o botes de vidrio que pueden compostarse o reutilizarse. Para el producto fresco, infórmate de qué día hay mercadillo en tu zona y ve allí a comprar. Los

productos suelen venir de huertas cercanas, la calidad es mejor y el precio, en general, más económico. Para el resto de los productos, adáptate a tu presupuesto y disponibilidad: puedes comprar *online* en tiendas 100 % veganas, en tiendas ecológicas o veganas de tu zona o en tu supermercado de confianza.

5. Antes de salir de casa, **prepara tus bolsas y envases**. Reutiliza tarros, táperes o bolsas para comprar a granel. Da igual si son *tote bags* o la mochila de la uni; mientras la reutilices, sirve.

El momento de la compra

¡Felicidades, ya lo tienes todo listo para ir a comprar! Si es tu primera vez, puede que te cueste llevarte tus envases y hacerle entender a la persona que tienes delante que no quieres bolsas de plástico. ¡No te preocupes! Estos consejos te ayudarán en tus primeras veces hasta que cojas confianza.

- **Empieza por la tienda a granel.** Fomentan el uso de envases reutilizables, así que no tendrás que dar explicaciones. Lo primero es tarar los envases vacíos para luego descontar el peso de bote (sí, es una duda que le surge a mucha gente) y luego rellenarlos con los alimentos que quieras comprar. Cuando vayan a cobrarte, descontarán el peso del envase y pagarás por lo que lleves. Haz lo mismo si llevas bolsas de tela. Aun así, te recomiendo que preguntes cómo lo suelen hacer en esa tienda, por si lo tienes que tarar tú o ellos, o si puedes servirte tú o lo harán los dependientes.
- **Cuando vayas a comprar frutas o verduras,** si es un sitio de autoservicio, llena tus propias bolsas de tela y llévalas a la caja para pagar. No te pondrán pegas. Si te tienen que servir ellos, diles que llevas bolsas y que no hace falta que usen las suyas. Con cada producto que pidas, dales la bolsa correspondiente a ese tamaño. En estos casos, no suelen tararse, por lo que te recomiendo que te hagas con unas ligeras.
- **Para panaderías y el resto de los lugares en los que compres productos sin envasar**, estás en tu derecho de llevar tus envases, incluso táperes para comprar queso o embutidos, así que pídeles que te los guarden allí. Si no saben tararlos, explícales cómo se hace: pesar el recipiente vacío antes y restar esa cantidad del peso total.

Almacenaje en casa

Al llegar a casa, no te costará organizarlo todo, ¡te lo aseguro! Y lo mejor es que no tendrás que sacar la basura cuando acabes por haberla llenado de las bolsas y los plásticos que envolvían la comida.

Si has llevado tus envases de cristal, puedes organizarlos en la despensa. Si tienen cierre hermético, se conservarán genial. Ten en cuenta que no puedes dejarlos en una superficie en la que le dé el sol directo: opta por meterlos en armarios con puertas o en habitaciones sin luz natural directa. Si para hacer tu compra a granel has usado bolsas o táperes, al llegar a casa solo tendrás que pasar su contenido a botes y recipientes herméticos, mejor de cristal, y ordenarlo todo.

Te recomiendo que laves la fruta y la verdura, y las dejes medio preparadas para que te resulte más fácil consumirlas. Suelo colocar la fruta en un frutero o en la nevera, dependiendo del calor o de la fruta. Para la verdura, primero la lavo con agua (a veces añado bicarbonato) para quitar la tierra y los bichitos. Las únicas verduras que no lavo en ese momento son los tubérculos, que conservo en un armario oscuro dentro de una bolsa de papel, ni las calabazas, las cebollas y los ajos. Las crucíferas, como el brócoli o la coliflor, las suelo dejar partidas en un táper para que me resulte más fácil usarlas en mis recetas. La judía verde también la dejo partida y lista para preparar, incluso a veces congelo la mitad de lo que compro, ya limpio y cortado para la próxima ocasión. El resto van enteras al cajón de la verdura de la nevera.

El pan, si lo consumes a diario, déjalo en una bolsa de tela. Si lo vas consumiendo poco a poco, como yo, corta rebanadas, si no lo has comprado ya así, y congélalas para ir sacándolas cuando las necesites.

Los demás productos que puedas comprar a granel consérvalos como lo harías si los hubieses comprado en envase de plástico. En la página 173 de este capítulo encontrarás varios consejos para evitar el desperdicio alimentario.

Recuerda que los restos de los alimentos puedes usarlos para hacer compost, tal como verás en el capítulo «El balcón, la terraza y el jardín» (págs. 235-236).

Practica la cocina sostenible

Cuando tienes que elegir qué habrá en el plato, lo ideal es huir de las prisas y de la comida rápida. Para ser sostenible con el planeta, debes empezar contigo. Un plato balanceado debe ser colorido, mezclando hortalizas y verduras de temporada, legumbres, frutos secos... ¡Imaginación al poder! Lo mejor es que los alimentos sean locales, de temporada, frescos y poco elaborados. Además, son más saludables y mejores para el medio, ya que no los habrán traído de lejos y se habrán cultivado en el momento idóneo para potenciar su sabor.

Si controlas lo que metes en la nevera, evitarás tirar comida estropeada, lo que te hará ahorrar dinero y recursos. Voy a darte algunos consejos muy útiles:

- No amontones la comida y sabrás qué tienes nada más abrir la nevera.
- Pon una cesta de productos que se tengan que consumir pronto, así no los olvidarás al fondo.
- Si te sirve, pega en el frigorífico tus listas de la compra: verás qué queda y qué falta antes de ir a comprar.

Lo mejor es que cocines tus propios platos para controlar qué estás preparando y qué ingredientes usas. Si tienes poco tiempo, cuenta con tu gran aliada, la planificación, y te recomiendo que te sumes al *batch cooking*.

Si además de tener tiempo eres un cocinillas, una buena opción es que prepares algunas elaboraciones que te permitan contar con aperitivos rápidos de los que puedas disfrutar fuera de temporada, como encurtidos, escabeches, salmueras o secados. En internet encontrarás muchas recetas. Un clásico son las conservas al vacío: el envase mantendrá los alimentos. Como verás en el capítulo «El balcón, la terraza y el jardín» (págs. 238-240), en tu pequeño o gran jardín puedes cultivar distintas plantas aromáticas y vegetales que te permitirán autoabastecerte.

Recetas antidesperdicio

Leche de almendras

Ingredientes

- 1 taza de almendras naturales peladas
- 1 litro de agua

Elaboración

Tritura las almendras con el agua y cuélalas con una malla fina. Guarda la pulpa para la siguiente receta. Mantén la bebida refrigerada.

Bolitas energéticas

Ingredientes

- Pulpa de leche de almendras
- Dátiles deshuesados
- Cacao en polvo, coco rallado, cacahuete en polvo, frutos secos triturados...

Elaboración

Mezcla la pulpa, los dátiles y añade el ingrediente que más te guste: cacao, coco rallado, cacahuete en polvo... Haz bolitas con la mezcla y báñalas en coco rallado, sésamo tostado, cacao, frutos secos triturados...
¡Lo que tengas por casa!

Sticks de brócoli

Ingredientes

- Tallo de brócoli o de otra verdura que te sobre, como coliflor o acelgas.
- Especias variadas
- Aceite y sal

Elaboración

Corta la verdura en *sticks*, añádele especias al gusto, sal y un chorro de aceite, y hornea para obtener un acompañante delicioso y saludable.

Pesto de hojas de zanahoria

Ingredientes

- Hojas de zanahoria
- 1 o 2 dientes de ajo pelados
- Un puñado de frutos secos: piñones, almendras, nueces (o la pulpa de leche de almendras)
- Aceite de oliva
- Sal y pimienta

Elaboración

Lava y seca bien las hojas. Tritúralas con el ajo, los frutos secos y un buen chorro de aceite. Añade sal y pimienta, y vuelve a triturar con un algo más de aceite. Cuando esté la mezcla, pásala a un tarro de cristal o bol, añade más aceite y remueve bien.

Garbanzos crujientes

Ingredientes

- Garbanzos cocidos u otra legumbre que te haya sobrado
- Especias
- Sal y pimienta
- Aceite de oliva

Elaboración

Mezcla los garbanzos con las especias. Yo suelo poner pimentón, ajo en polvo, comino... Añade sal, pimienta y un chorrito de aceite y hornea durante unos 40 minutos. Es un *snack* saludable y delicioso para picar o añadir como *topping* a ensaladas o cremas de verduras.

Zona de lavadero

En mi caso, esta zona se divide entre la alacena, que está debajo de la escalera, y la cocina: en la alacena guardo los productos y, en la cocina, la lavadora.

En España, casi todos tenemos lavadora en casa, igual que plancha, aunque no todo el mundo la usa (como nosotros, que solo la encendemos en momentos puntuales). La secadora no es tan común, al igual que la aspiradora.

Lavadora

Lavar la ropa en la lavadora consume electricidad y agua en cada lavado, así que te voy a explicar cómo puedes ser más eficiente con este invento. No sé qué eficiencia energética tiene la tuya, pero, como en los otros electrodomésticos, cuanto más alto, menos agua y energía gastarás. Vamos con los consejos:

- **Comprueba que esté bien nivelada, asegúrate de que no haya fugas de agua y lee el manual.** Igual te parece una tontería, pero así averiguarás cuáles son los modos más eficientes de tu aparato.
- **Llena la lavadora o usa el programa de media carga.** No te pases de llenado o tendrás que volver a lavar algunas prendas.
- **Usa programas ECO.** La ropa saldrá igual de limpia y será más eficiente.
- **Lava con agua fría o a 30 °C.** Elige la temperatura más baja siempre que puedas. El 90 % del gasto se produce al calentarla.
- **Utiliza menos detergente.** Es probable que no notes la diferencia, y el medioambiente te lo agradecerá.
- **Usa bolsas atrapamicroplásticos.** Los atrapan y evitan su vertido en mares y ríos.
- **No laves tan a menudo.** A veces no comprobamos si algo está sucio o no. Airea la ropa después de usarla para eliminar los olores y, si no hay manchas, puedes lavar:

    * Vaqueros: después de 5 o 6 usos.
    * Faldas y pantalones de vestir: después de 5 o 6 usos.
    * Camisetas: si no están muy sudadas, después de 2 o 3 usos.
    * Jerséis: según el material, después de 4 o 5 usos.
    * Sujetadores: después de 3 o 4 usos.
    * Ropa interior: a mano, después de cada uso.
    * Sudaderas: después de 7 usos.

- **Tiende al sol y deja que el aire seque la ropa**. Siempre es más sostenible que usar el programa de secado, si tu lavadora lo tiene, o poner la secadora. Además, el sol es el mejor quitamanchas que existe.

- **Usa detergentes respetuosos.** Opta por comprarlos a granel, hechos con ingredientes naturales, o prepáralos en casa con jabón de Marsella (encontrarás mi fórmula casera en el capítulo «Cuestiones generales», pág. 52).

Para cuidar de la lavadora como se merece, lo que suelo hacer es, antes de meter las prendas, reviso que no haya nada en los bolsillos, como monedas, llaves, bolis o cualquier otra cosa. Cuando acaba el programa, saco la ropa cuanto antes, seco el tambor y limpio la goma, y además dejo la puerta abierta unas horas para evitar que aparezcan humedades. Por lo que se refiere al cajón del detergente, lo limpio una vez al mes. Cada seis meses, limpio el filtro, que es donde se esconden las pelusas, monedas e hilos perdidos en los lavados, y si quieres una limpieza de campeones y tu lavadora no incluye ese programa, haz un lavado a 90 °C con el aparato vacío para limpiar las tuberías y el interior de la máquina (puedes también añadir un chorrito de vinagre). La mía tiene el programa y me avisa cuando hay que ponerlo. Si vas a pasar un tiempo sin usarla, cierra la llave de paso del agua para evitar fugas, deja la puerta entreabierta para reducir los olores y desenchúfala.

No te recomiendo que uses suavizantes, porque estropean la ropa deportiva y las toallas, que cada vez absorben menos, pueden provocar manchas, contienen contaminantes para el agua y generan muchos residuos porque van envasados en plástico. Si vives en una zona con mucha cal, usa el vinagre como suavizante. En serio, no olerás a ensalada.

Si te estás planteando comprar una lavadora nueva o ha llegado la hora de sustituirla, recicla bien tu viejo aparato (o haz que se lo lleven cuando compres el nuevo) y elige la lavadora de mayor eficiencia energética que te puedas permitir. Evalúa tus necesidades y escógela según la capacidad de carga, la velocidad del centrifugado y los tipos de programas. Si no tienes prisa, en un futuro muy cercano las venderán ya con filtros para evitar los microplásticos.

Secadora

Si vives en una zona lluviosa o muy húmeda, quizá te planteaste comprar la secadora y la tienes en casa, pero es el Demogorgon de los electrodomésticos, devora la energía, así que, si la tienes, úsala con precaución.

Si no la tienes ni la ves necesaria, no te la recomiendo, porque la forma más sostenible de secar la ropa es al aire, ¡y encima es gratis! Según algunos estudios, solo entre un 10 y un 15 % de los españoles tienen secadora, pero se considera un electrodoméstico de lujo y, desde mi punto de vista, innecesario en la mayoría del país. ¿La necesitas de verdad?

Voy a explicarte mis trucos para secar la ropa al aire:

- Saco la ropa de la lavadora, la sacudo y la tiendo en el tendedero con unas pinzas de madera. Si cuelgas las camisas y los vestidos en perchas, se te arrugarán menos.
- El sol y el aire se ocupan de todo lo demás. Si la prenda es de color o tiene serigrafías, tiéndela del revés.
- Si estás en una zona de clima lluvioso o muy húmeda, puedes optar por los tendederos de interior: son ligeros y plegables, así que podrás guardarlos en cualquier esquina. En invierno también aprovechamos la calefacción para poner el tendedero cerca y que la ropa se seque antes.

Si no quieres dejar de usar tu secadora, centrifuga la ropa a tope para eliminar la mayoría del agua antes de meterla en la secadora. Utilízala solo para lo más difícil de secar, como las sábanas o toallas, por su tamaño, o los pañales de tela, si los usas, para no esperar más de un día a que se sequen, pero evita usarla para la ropa del día a día porque se estropeará antes.

También puedes hacerte con unas bolas de secado que absorben la humedad y hacen que el proceso sea más corto y, por tanto, se gaste menos energía. Si te has dado cuenta de que no la necesitas y, al final de su vida útil no quieres comprar otra, recíclala en un punto limpio o contacta con tu ayuntamiento para que te la recojan y se ocupen de reciclarla.

Plancha

Después de recoger la ropa seca, hay prendas que necesitan plancharse para quedar como nuevas, aunque para mi ropa suelo elegir tejidos que no necesitan plancha e incluso tiendo en la ducha para que el vapor haga el trabajo por mí. Mi recomendación es encenderla lo menos posible, ya que, en este aparato, cada minuto conectado cuenta.

En cualquier caso, te voy a dar algunos consejos para que lo hagas de la forma más sostenible posible:

- **Pon el agua que necesites.** Cuanto más se ajuste a lo que vas a planchar, mejor: necesitará menos energía para calentarla.
- **No uses productos químicos.** Los espráis para el planchado fácil llevan aditivos; es mejor que uses un pulverizador con agua para humedecer las prendas sin químicos.
- **Plancha solo lo necesario.** Muchas prendas no necesitan plancharse: extiéndelas bien, aplánalas con la mano y listo.

- **Plancha primero las prendas delicadas,** que necesitan menos calor, y así lo aprovecharás mientras acaba de encenderse. Otra opción es dejarlas para el final, cuando la desenchufes.
- **Usa una tabla de planchar acolchada.** Obtendrás mejores resultados con menos esfuerzo y ahorrarás energía.
- **Cuanto menos planches la ropa, más te durará.**
- **Si tienes que cambiar tu plancha, busca la más eficiente que te puedas permitir.** Las de apagado automático te permitirán ahorrar, y con la función vapor tardarás menos, con el consiguiente ahorro de energía. También puedes hacerte con una plancha de vapor como las que usan en muchos comercios de moda.

Aspiradora

A todos nos gusta tener el suelo como los chorros del oro, que dice mi abuela, pero a veces no es necesario gastar mucho para conseguirlo. No sé si tienes aspiradora, o cómo es la tuya, pero las que llevan bolsa generan más residuos que las otras, aunque, si ya la tienes, úsala hasta que se estropee y hazte con bolsas reutilizables. Si la que tienes no es muy buena, en vez de limpiar tu casa, contaminarás el aire interior porque sueltan un polvo que se puede acumular en el ambiente. Las mejores llevan filtros para evitarlo. Es cierto que las hay antiácaros, para pelo de animal... Coge la de eficiencia más alta que puedas permitirte y que responda a tus necesidades.

?

- Anualmente, en Europa se venden unos 45 millones de aspiradoras.[44]

Mis consejos de uso para que sea sostenible serían:

- Antes de usarla, pasa la escoba para reducir el consumo eléctrico. En mi caso, la usamos casi a diario en épocas de muda, porque nuestro perro suelta mucho pelo, y cada 3-4 días el resto del año, ya que, al vivir en el campo, entra mucha suciedad. Pero nos hemos vuelto muy efectivos y, en veinte minutos, aspiramos toda la casa.
- Si la vas a comprar, elige un modelo sin bolsa, asegúrate de que lleve filtros y busca efectividad, no potencia: todas consumen menos de 900 vatios.
- Si la tuya es de bolsa, deséchalas en el contenedor de residuos, ya que no se pueden reciclar.

Como son aparatos fabricados con distintos materiales, al final de su vida útil se tienen que reciclar como residuo electrónico.

Consejos para evitar el desperdicio alimentario

1. **Planifica tus menús o comidas para que los alimentos no se estropeen o caduquen.**

---

2. **Evita las compras compulsivas o por adelantado** de alimentos que no necesites de inmediato.

---

3. **No descartes los productos «imperfectos» (color, tamaño...).** Están igual de ricos y no los desecharán.

---

4. **Aprende a usar los envases y sistemas de almacenaje de alimentos:** táperes y botes de cristal con tapa, envases, envasado al vacío, campanas de alimentos...

---

5. **Revisa los que guardas en la despensa, la nevera y el congelador.**

---

6. **Ajusta las raciones.** Saca los ingredientes necesarios para ese plato y el número de comensales.

---

7. **Si quedan sobras, aprovéchalas.** Practica el *batch cooking* y úsalas en otras recetas.

---

8. **Congela.** La mayoría de los alimentos pueden congelarse.

---

9. **Corta el tallo y pon en agua.** Las hierbas aromáticas y algunas verduras se mantendrán más frescas.

6. El baño

¿Alguna vez te has preguntado la cantidad de horas semanales que pasas en el baño? Entras por la mañana, enciendes la luz, usas el inodoro y tiras de la cisterna. Abres el grifo del agua caliente de la bañera o de la ducha para que se vaya calentando, te metes y sigues tu ritual de higiene con productos convencionales. Cierras el grifo tras unos minutos —con suerte, también mientras te enjabonas—, sales y te secas. Acabas tu rutina echándote cremas, lavándote los dientes, y a por el día. Puede que tengas que afeitarte, maquillarte o bañar a tu mascota y repetir este proceso. ¿Te haces una idea de la cantidad de residuos que puedes estar produciendo? Agua, luz, envases de plástico, jabones y cremas con ingredientes cuestionables y, en muchas ocasiones, químicos nocivos.

- El baño es el lugar donde más desechos tiramos: toallitas, maquillaje, papel higiénico...

El agua

En todo el mundo, menos de un 2 % del agua es dulce. Se calcula que dos tercios de la población carecerán de ella en 2025 debido al cambio climático, que aumenta la temperatura de la Tierra y provoca que se sequen ríos y lagos. Y no es algo que nos pille tan lejos: en España, llevamos ya unos años con cortes y restricciones en zonas como Málaga o Barcelona debido a la falta de agua en los embalses para el uso de los ciudadanos. Debemos ser conscientes de que la prudencia es la mejor aliada a nivel ecológico y económico para ser más sostenibles. Por suerte, algunos productos pueden ayudarte a reducir el gasto.

En Navarra, donde vivo ahora, no tenemos problemas de agua, pero cuando bajo a Málaga, a casa de mis padres, cada noche se producen cortes para reducir el gasto, y hay restricciones para regadío, piscinas... Entonces recuerdo la importancia del agua y su gestión.

Antes de adentrarnos en el maravilloso mundo de las duchas, los grifos y los inodoros, puedes implementar algunas acciones básicas para averiguar cuán ecológico es tu cuarto de baño. Lo primero es revisar la presión: ¿sale mucha o poca agua? Si es alta, puede provocar una avería.

¿Suenan las tuberías cuando abres algún grifo? Es la pista para que la revises. Si se superan los 3 bares, el agua tendrá tanta fuerza que quizá ocasione fugas o llegue a estropear la grifería de tu casa. Para evitarlo, instala reductores de presión, unas válvulas que equilibran la fuerza del agua en casa.

La más rápida y mejor forma de saber si tu consumo es normal es revisar la factura. ¿Pagas más que tus vecinos? Quizá tengas una fuga... Al menos una vez al año, revisa las cañerías, pues algunos electrodomésticos cuentan con arandelas que, con el tiempo, se debilitan. Y por si las moscas, ¿sabes dónde está la llave de paso? Es fundamental que averigües dónde está para que, en caso de fuga, puedas cortar el agua y evitar daños en tu vivienda. Un consejo: si vas a estar fuera una temporada, cierra la llave, para no encontrarte una piscina en el salón.

Inodoro

Según se dice, es el aparato doméstico que más ha hecho por la salud, pero también por el que corre más agua a lo largo del día, casi un 27 % del total, más incluso que en la ducha o la lavadora. Veamos algunos consejos para evitar la pérdida de este bien escaso.

¿Tu inodoro tiene doble descarga? Las casas de nueva construcción y los baños reformados suelen contar con este tipo de váteres, pero si no es tu caso, igual gasta 10 litros cada vez que accionas la cisterna. Al hacer aguas menores, no es necesario usar la descarga larga; con la corta es suficiente, e incluso puedes no tirar de la cisterna hasta la siguiente vez.

Algo que llevamos años haciendo en casa es meter una botella llena de agua en la cisterna para que, cuando descargue, se pierdan menos litros. Su peso desplaza la cantidad de agua necesaria para que se llene y, así, ahorramos casi un 50 % de agua. Otra buena práctica es reducir las veces que le das al pulsador o cortar la descarga a mano: no dejes que el émbolo baje solo; cuando haya agua suficiente, empuja el tirador hacia abajo para cortar el caudal.

Algunas opciones económicas para hacer tu váter más sostenible son las siguientes:

- Existen **pulsadores que interrumpen la descarga**. Con ellos consumirás solo 1 o 2 litros de agua por descarga.
- Los **pulsadores de doble descarga** tienen dos botones: aguas menores (2-3 litros por descarga) y mayores (6-9 litros). Son muy económicos y te permitirán ahorrar y cuidar del planeta al mismo tiempo.
- También hay **limitadores de llenado**. Funcionan como si metieras la botella en la cisterna, pero en versión comercial.

El váter no es un cubo de la basura, así que no tires aceite, pinturas, disolvente...: contaminas el agua y no podrá depurarse. Mejor guárdalos en un bote con tapa y llévalos a un punto limpio (consulta la web de tu ayuntamiento para encontrar el más cercano a tu casa). Trata de no tirar por el retrete compresas, tampones, pañales, toallitas... —vamos, no lo uses como papelera—: además de que puedes provocar un atasco, impedirás la depuración del agua. Deja de usarlos y cámbiate a la alternativa ecológica que te contaré más adelante.

Duchas y grifos

El otro gran consumidor de agua en el cuarto de baño es la ducha. En este caso, la primera solución es la más sencilla: toma duchas cortas, cierra el agua mientras te enjabonas y úsala solo para aclararte cuando termines. Si en tu casa hay bañera en vez de ducha, puedes usarla como si lo fuera, es decir, evita llenarla y date un duchazo rápido, que es lo que hacemos nosotros en casa. Un truquito que me parece muy guay para la ducha es ponerte una canción que te guste de unos 3-4 minutos y ducharte mientras suena. Así reducirás el tiempo y, en consecuencia, el gasto.

Si quieres marcar la diferencia, hay varias cosas que puedes hacer para reducir el consumo de agua. Por ejemplo, las alcachofas y columnas con regulador automático del caudal limitan el agua (5 litros/minuto) sin perder eficacia o presión, y permiten ahorrar hasta un 40 % en comparación con las alcachofas o grifos normales, que usan unos 7 litros/minuto. Con tiempo y maña, puedes modernizar tu baño a un coste reducido y conseguir que sea más respetuoso con el medio.

?

- La ducha consume menos agua que un baño. Con una ducha de 3-8 minutos, ahorrarás casi 50 litros diarios de agua, ¡unos 10.000 litros menos al año!
- Si recoges el agua que cae de la ducha mientras esperas a que se caliente, podrás usarla para regar las plantas o fregar el suelo.

En cuanto a los grifos, quizá ya los cierres mientras te lavas los dientes, pero puedes hacer mucho más para no desperdiciar el agua. Una buena opción son los grifos y duchas con aireador incorporado, que ayudan a reducir el consumo hasta en un 50 %. Otra solución son las boquillas: se pueden instalar en la mayoría de los grifos, permiten ahorrar hasta un 95 % de agua en el modo chorro y un 66 % en modo espray en comparación con los grifos estándar y tienen un caudal de 5,7 l/min. No es necesario cambiar el grifo entero, ya que encontrarás estas boquillas por solo 5 euros.

Otra opción es el sistema monomando, mucho más eficiente que el bimando, dado que mezcla el agua fría-caliente más rápido. Si además el calentador no está lejos de la ducha ni está regulado demasiado caliente, serás más sostenible. Regula el termostato a 30-35 °C. Si no tienes que enfriar el agua caliente, será más eficiente que si debes mezclarla con la fría. En casa, cambiamos la temperatura de la caldera en función de si es invierno o verano.

Iluminación

La iluminación de esta zona de la casa es fundamental. Como en todas las estancias, lo ideal sería tener una ventana que te permitiera disfrutar de la luz natural, ya que es la opción más eco y adecuada para el baño por las sensaciones que trasmite y la posibilidad de ventilar el espacio y reducir las humedades. Si la tienes, evita todo lo que bloquee la luz, como las persianas y las cortinas opacas. ¿Quieres mantener la privacidad? Pega vinilos que no dejen ver el interior desde el exterior, pero que permita que pase la luz natural.

Sin embargo, no siempre tenemos la suerte de contar con una ventana... Si no la hay, puedes cambiar las bombillas convencionales por luces led o de bajo consumo que, como recordarás, consumen casi un 80 % menos que una bombilla tradicional y duran casi 25 veces más. Es una estancia en la que se suele encender la luz, así que el ahorro o derroche puede ser considerable.

La mejor opción es contar con una luz ambiental de techo que bañe todo el cuarto y un foco para maquillarte, afeitarte, lavarte los dientes... Si quieres que el baño parezca más grande, coloca lucecitas por todas partes. También encontrarás lámparas regulables que te permitirán crear distintos ambientes. ¡Incluso las hay para los cajones, lo que facilita la tarea de encontrarlo todo y tenerlo ordenado! A mí me encanta tener una luz cálida y tenue para mi rutina nocturna, así es más relajada y no me desvelo.

Si vas a hacer una reforma, puedes instalar vanos traslúcidos en la parte superior de la pared si en la habitación contigua hay mucha luz natural o cambiar tu puerta por una de cristal traslúcido.

Maximiza el espacio

Grande, pequeño, moderno, rústico o setentero, personalizado... Para baños, colores. Como pasas tanto tiempo allí, ¿no sería ideal convertirlo en un lugar que te anime a mimarte, en vez de tener ganas de acabar a toda prisa? Y si lo haces de forma sostenible, ¡mejor!

Además de ser un lugar de relax, el cuarto de baño debe tener muebles que inviten al orden y lo conviertan en un espacio práctico y funcional. ¿Quién no ha tenido las típicas cestas grandes en las que al principio iban a ir solo los útiles de afeitado y han acabado conteniendo desde tiritas hasta botes de desodorante vacíos? Y es que, sin duda, es una de las estancias en las que se suelen acumular más productos y utensilios... ¡y muchos de un solo uso!

¿Cómo puedes maximizar el espacio, además de mantenerlo ordenado y confortable? Recuerda que menos es más, y que lo que prima es la versatilidad. Algunos consejos para lograrlo serían los siguientes:

- **Aprovecha las esquinas y los huecos** para guardar artículos de higiene: usa muebles esquineros, armarios altos para almacenar rollos de papel higiénico o toallas...
- **Aprovecha la pared y la puerta del baño:** pon ganchos para colgar la toalla de manos o el secador, estanterías para los cepillos de dientes, barras para colgar las toallas de la ducha detrás de la puerta...
- **Organiza las pequeñas cosas:** las cajas transparentes te permitirán ordenar los productos y accesorios y encontrarlos con facilidad. También las hay de tela, que se adaptan a todos los cajones.
- **Si no puedes taladrar,** hay muchas posibilidades de almacenaje: recipientes, ganchos de pared, minibaldas con ventosas... ¡Y podrás cambiarlos de lugar cuando quieras! Otra alternativa son los **carritos multifunción:** puedes guardar muchas cosas y ponerlos en una esquina del baño.

Si hay niños en casa, apúntate estos tres consejos para adaptar esta estancia a su tamaño:

- Los taburetes les permiten llegar al lavabo para lavarse los dientes, la cara y las manos.
- Los ganchos y las cestas con ventosas les pondrán los útiles de higiene a su alcance, y crecerán con ellos.
- Los tableros perforados dejarán a mano sus útiles de higiene y mantendrán alejados los que no son para su edad, como las maquinillas o las brochas.

Muebles

Como en todas las estancias de la casa, elegir los muebles más adecuados te ayudará a crear un espacio más sostenible. Si buscas una estantería, cestas decorativas o una percha para las toallas, opta por los complementos de bambú, ideales para esta zona húmeda. El bambú es resistente, duradero, reciclable y renovable.

- El bambú es una planta, no un árbol. De joven, puede crecer hasta un metro al día.

Plantas

El baño es un entorno propicio para plantas tropicales o que les guste mucho la humedad, como los helechos o el *pothos*. Como sabes, las plantas mejoran la calidad del aire y el estado de ánimo, reducen el estrés, regulan la humedad y aportan color. Aunque no tengas mucha luz natural, algunas plantas crecen en lugares semioscuros y húmedos: sansevieria o «lengua de suegra», hiedra inglesa, *pothos*, espalda de san Jorge, bambú, aromáticas como la menta y la lavanda... Todas ellas pueden convertir tu baño en un *spa* aromático.

No olvides darles los cuidados que necesitan y airear el baño para que la humedad no les afecte en exceso y pudra las raíces o estropee las hojas por la aparición de hongos. Por humedad que haya, tampoco olvides regarlas con regularidad, y evita el agua estancada en la maceta. Si tienes luces led de espectro completo, como imitan la luz del sol, obtendrán la energía que necesitan para hacer la fotosíntesis. En cualquier caso, antes de elegir una planta para tu baño de interior, averigua cuál es la mejor para ti.

Textiles de baño

Cuando llegue la hora de cambiarlos, lee las etiquetas y elige los elaborados con materiales renovables, ya sean toallas, alfombras e incluso la cortina de la ducha. ¡Qué mejor manera de conseguir un baño sostenible!

Además de escoger el color que te haga sentir mejor, mantén las toallas ordenadas y cuélgalas en ganchos y toalleros para no tener que lavarlas muy a menudo. Por lo que se refiere al material, encontrarás toallas de algodón reciclado u orgánico desde 10 euros.

Productos de baño

En esta estancia se acumulan un montón de botes, celulosa en varios formatos, cremas, geles, jabones, acondicionadores y champús líquidos, tienes un cepillo de dientes de plástico, por no hablar de la cantidad de cosméticos que guardamos... Cuando todo suma, un pequeño gesto puede marcar la diferencia.

El marketing nos empuja a comprar y probar productos que no necesitamos, incluso algunos que parecen ecológicos, pero pregúntate: ¿tienes algo parecido en tu baño que aún puedas usar? Si es así, no dejes entrar en casa un producto nuevo si no has acabado los que tienes. Lo primero para ahorrar y ser sostenible es comprar menos. Si además lo que eliges es cada vez más respetuoso con el medio, poco a poco tu baño se convertirá en un lugar más sostenible. Lo segundo sería reducir lo que necesitas: simplifica tu rutina. Ahorrarás tiempo y dinero, y cuidarás del planeta. Y una pregunta final: ¿alguna vez te has planteado elaborar tus propios productos de higiene y cosmética? En este apartado te ofreceré algunas fórmulas para que puedas hacer alquimia sostenible.

Higiene bucal

Los cepillos de plástico no pueden reciclarse, la pasta de dientes contiene muchos tóxicos y el hilo dental acaba en el medioambiente por su facilidad para salir volando y es difícil de reciclar. Pero no tiene por qué ser así. Te voy a dar alternativas sostenibles a estos productos.

Cepillo de dientes

En el mercado puedes encontrar cepillos de bambú o madera de haya. Puedes desechar el mango a trozos con los restos de compostaje, usarlo como palo para enderezar las plantas o guardarlo para limpiar zonas pequeñas. Aunque muchos siguen teniendo las cerdas de nailon (en ese caso tendrás que quitarlas con alicates antes de compostar el cepillo), cada vez hay más marcas que las hacen de materiales compostables.

Si tu cepillo es eléctrico, primero que nada, opta por los modelos de pilas recargables y, luego, busca los que llevan el cabezal de plástico reciclado o compostable. Al final de su vida útil, recíclalo como cualquier residuo electrónico, como si te deshicieras de tu sandwichera.

En la actualidad puedes encontrar cepillos sin batería: con dos giros en la parte inferior, contarás con más de 80.000 cepillados. Otros duran más de diez años y se reciclan al final de su vida útil. También hay cepillos 100 % reciclados y reciclables, fabricados con almidón y bambú. Incluso hay otros a los que solo tienes que cambiarles el cabezal.

Pasta de dientes

Hay muchas alternativas: tubos de aluminio que se pueden reciclar si los vacías y limpias por dentro antes de desecharlos; dentífrico en polvo casero (hecho con bicarbonato sódico y aceites esenciales) o en su versión comercial; tabletas masticables, de menta vegana (mastícalas para que hagan espuma, moja el cepillo y lávate como siempre); y pastas en crema que se venden en envases de cristal o acero, reutilizables y reciclables.

Pero ¿qué te parecería preparar tu propia pasta de dientes? Los ingredientes son fáciles de encontrar, es una opción barata y sin residuos, y solo necesitarás la cantidad de un guisante en cada cepillado. El bicarbonato limpia de forma natural, no es tóxico y blanquea los dientes, el aceite de coco es antibacteriano y la menta refresca y favorece el buen aliento. Guárdala en un tarro de cristal hermético para que no se seque. Aquí tienes la receta que llevo años usando:

Pasta de dientes de menta

Ingredientes

- 60 g de aceite de coco
- 16 g de bicarbonato de sodio
- 15-20 gotas de aceite esencial de menta

Elaboración

1. Si el aceite de coco está muy sólido, caliéntalo un poco para ablandarlo.
2. Mezcla los ingredientes y guarda la pasta en un tarro hermético.

Hilo dental

Si quieres conseguir una limpieza de diez, el dentista te recomendará que uses el hilo dental, que arrastra la placa, las bacterias y los restos de comida. El que encontrarás en los comercios se vende en envases de plástico, la cuchilla es de metal y el hilo está fabricado con nailon, teflón o PTFE y ceras sintéticas, así que, como alternativa sostenible, opta por el de bambú o maíz recubierto con cera de abejas o candelilla, una opción que encontrarás en envases de vidrio y metal que podrás rellenar o reciclar. Además, es compostable, por lo que va al contenedor de residuos orgánicos.

Otra opción es reutilizar tejidos que tengas en casa: ¿hay alguna prenda de seda o algodón que ya no uses? Separa los hilos y úsalos como hilo dental. Cuando acabes, tira los restos en el contenedor de compostaje. También puedes usar el irrigador dental: expulsa un chorro de agua para llevarse las partículas de alimento.

Geles, jabones, cremas y desodorantes

La piel es el órgano más grande del cuerpo, y debes cuidarlo como se merece: evita los tóxicos perjudiciales, pues tampoco son buenos para el medioambiente.

?

- Durante toda su vida, una persona puede usar 656 pastillas de jabón. Si las traducimos a líquido, serían unos 3.000-4.000 envases de un litro.[45]
- La producción de jabones líquidos usa 5 veces más energía que los de pastilla, y para fabricar el envase, casi 20 veces más.[46]

Además, los geles, champús, suavizantes y cremas líquidos, como contienen tanta agua, pesan más y ocupan más espacio, lo que influye en el transporte y la energía necesaria para elaborar los envases de plástico.

Geles, jabones y cremas hidratantes

En el baño, lo mejor es reducir la cantidad de envases. Puedes pasarte a las opciones sólidas tanto para lavarte las manos como para el cuerpo o la cara, e incluso usar el mismo para todo el cuerpo, como el de carbón activo, que limpia los poros en la cara y es apto para el resto del cuerpo.

Si usas un producto sólido, tu baño estará más ordenado y limitarás la compra de plásticos, con el consiguiente beneficio para el planeta. Además, la pastilla dura meses y meses, así que también te evitarás viajes al supermercado.

Es fácil encontrar pastillas de jabón a granel o envueltas en papel reciclable en vez de plástico. Si tienes la piel seca, busca las que contienen manteca de karité, aceite de oliva o coco. Para aprovechar más aún la pastilla, venden fundas de sisal o lino por menos de 4 euros: mete el jabón, mójalo y úsalo como un exfoliante respetuoso con tu piel y con el medio.

Esponjas sí, esponjas no

Las esponjas de plástico, además de ser un paraíso para las bacterias, acaban en la basura general porque no pueden reciclarse. Si te gustan las esponjas, usa las de lufa o las manoplas de algodón, que pueden compostarse al final de su vida útil.

Si quieres exfoliar e hidratar tu cuerpo después de la ducha, estas dos recetas son para ti:

Gel hidratante/exfoliante de aloe vera

Ingredientes

- 1 penca u hoja de aloe vera
- Azúcar de caña, sal marina o posos de café

Materiales

- 1 cuchillo afilado
- 1 cuchara
- 1 tabla para cortar
- 1 batidora
- 1 tarro de vidrio con tapa hermética

Elaboración

1. Coge la penca de aloe, corta un lado y retira el gel con la cuchara.
2. Viértelo en el vaso de la batidora y bátelo hasta que obtengas un gel sin grumos.
3. Si lo vas a usar como hidratante, guárdalo en la nevera en un tarro de vidrio. También sirve para las quemaduras.
4. Si lo utilizarás como exfoliante, añade un puñado de azúcar, café o sal, mezcla bien y guárdalo en la nevera en un tarro de vidrio.

Crema hidratante de manteca de karité

Ingredientes

- 30 g de manteca de karité
- 30 g de manteca de cacao
- 30 g de aceite de coco
- Aceites esenciales (opcional)

Materiales

- 1 bol de vidrio o metálico
- 1 cazo pequeño
- 1 batidora con varillas
- 1 tarro de vidrio con tapa hermética

Elaboración

1. Mezcla las mantecas y el aceite en el bol.
2. Pon a hervir agua en un cazo y, a modo de baño maría, pon el bol encima.
3. Si quieres, añade unas gotas de tu aceite esencial favorito mientras se deshacen.
4. Cuando estén, mete el bol en la nevera, pero no dejes que se solidifique del todo.
5. Sácalo y bátelo con las varillas hasta que sea una mezcla homogénea.
6. Guárdalo en botes y déjalos en tu baño.

Desodorantes

Cada vez hay más alternativas. Mi favorita son los desodorantes en crema que vienen en latas reutilizables y reciclables: no tienen aluminio y son naturales, por lo que no dañan el planeta ni a nosotros. También hay barras sólidas, que se usan como un *roll-on*, y la piedra de alumbre, un mineral que lo mojas, lo aplicas y evita el olor, pero deja transpirar. También existen los desodorantes en polvo.

Si quieres probar a hacer el tuyo, esta receta te ayudará a prepararlo en casa:

Desodorante casero

Ingredientes

- 2 cucharadas de bicarbonato de sodio
- 2 cucharadas de almidón de maíz o harina de arrurruz
- 3 cucharadas de aceite de coco
- 10-15 gotas de tu aceite esencial favorito (lavanda, árbol del té...)

Elaboración

1. Mezcla todos los ingredientes en un bol, menos el aceite esencial.
2. Añade la esencia y remueve hasta que se forme una pasta.
3. Guarda la mezcla en un tarrito de cristal y usa el que necesites.

Papel higiénico, toallitas, pañuelos y discos desmaquillantes

Como ya sabes, el papel se obtiene de los árboles: se necesita mucha agua y energía para procesar su pulpa, además de que se le añaden químicos para blanquearlo. Algunas opciones más respetuosas con el medio serían el papel higiénico de fibras recicladas (pero no es fácil encontrarlo en los supermercados), de bambú o de papel reciclado. En internet o tiendas a granel puedes comprarlo por rollos sueltos, y te ahorrarás el plástico del envase.

Mi opción favorita, habitual en muchas culturas, es usar agua a chorro, es decir, un bidé. Puedes instalar un bidé de grifo en el váter por unos 60 euros, o si vas a hacer reformas, puedes poner un váter con chorro incorporado: te hará ahorrar mucho papel y mucha agua, ya que para hacer un rollo de papel higiénico se necesitan cerca de 140 litros.

Que levante la mano quien no haya usado nunca las toallitas húmedas para limpiarse, desmaquillarse, lavarse las manos o cuidar del culito de un bebé. ¡Incluso las hay para limpiar distintas zonas de la casa! Sí, son cómodas y rápidas, pero ¿qué coste tienen para el medioambiente? Las toallitas húmedas que sustituyen el papel higiénico, además de celulosa, contienen aloe, son suaves y huelen bien, pero no son biodegradables debido a los plásticos y químicos con los que se elaboran, lo que impide que puedan disolverse en el agua, además de contener muchos tóxicos. Por eso son el candidato perfecto para atrancar las tuberías. Según la web Rezerø, «En 2017, se consumieron unos 69 billones de toallitas individuales en la UE-28 (con un consumo anual de 130 por persona), equivalente a 511.000 toneladas de residuos (1 kg de toallitas por persona al año)».[47] ¿Te imaginas cuál puede ser su impacto en la red de alcantarillado de una ciudad?

En la actualidad cuentas con varias alternativas mucho más sostenibles:

- El **bidé** será tu gran aliado, como te contaba antes.
- **Toallitas reutilizables de algodón o bambú.** Si quieres usarlas fuera de casa, llévalas humedecidas en un táper o rocíalas con spray. Son las que usamos con nuestra hija y estamos encantados.
- **Esponja natural o manopla de tela.** Lávala con agua fría tras cada uso y, una vez al día, con agua y jabón. De vez en cuando tendrás que desinfectarla hirviéndola.

- Como última opción, y solo para excepciones, venden **toallitas desechables de fibras naturales,** sin plásticos. En este caso, tíralas a la basura, no al desagüe.

Los pañuelos de papel son fácilmente sustituibles: es tan sencillo como volver a lo de antes, el pañuelo de algodón. Desde que tengo uso de razón, mi abuelo siempre ha llevado pañuelos de tela encima, por lo que los tengo muy normalizados. En casa, para no comprar nuevos, me hice unos con camisetas de algodón que ya no usaba cortándolos en cuadrados, y también he ido comprando algunos antiguos de segunda mano. Si les añades unas gotas de aceite esencial de menta o cítricos, te ayudará a reducir la congestión.

Los discos desmaquillantes tienen el mismo problema que las toallitas húmedas, pero en este caso es muy fácil encontrar una alternativa ecológica: usa toallas de tela pequeñas o discos de algodón orgánico 100 % reutilizables (u otras fibras vegetales, mejor de cultivo ecológico y sin tintes artificiales) y agua tibia con jabón. Como en el caso de los pañuelos, puedes hacerte tus propios discos desmaquillantes. Son más respetuosos con la piel, duran más y son más baratos. Como desmaquillante, puedes usar aceite de coco virgen extra, natural y respetuoso con tu piel y el planeta.

Productos de higiene menstrual

¿Te has planteado la cantidad de dinero que inviertes en compresas y tampones a lo largo de tu vida fértil? Se calcula que puede llegar a ascender a la friolera cantidad de... ¡más de 2.000 euros! Si encima eres consciente de su impacto en el medio y en tu cuerpo, te echarás las manos a la cabeza. Y no me refiero a tirarlos por el retrete, sino a la cantidad de celulosa y tóxicos que utilizan. Sí, es muy cómodo tener soluciones de usar y tirar, pero ¿es rentable? Por no hablar de que los algodones con los que se hacen a veces llevan pesticidas, así que muy respetuosos con tu cuerpo tampoco son, y se usa lejía para que sean blancos... Aunque las compañías garanticen que son seguros, no hay estudios concluyentes al respecto.

- Jamás tires la compresa o el tampón al retrete. Aunque en el envase ponga que es seguro, obstruyen las plantas depuradoras y muchos acaban en mares y océanos.
- Evita los productos perfumados: contaminan más y pueden provocar irritaciones cutáneas.

Mi abuelo es ginecólogo y, desde que me vino la regla, siempre me ha dicho que evitase los tampones. Cuando hace seis años le comenté que me quería pasar a la copa menstrual, me dijo que no lo dudase, que era una opción fantástica. Así lo ha sido y lo seguirá siendo, combinada con bragas y compresas menstruales para esos días de estar por casa en los que prefiero no tener que estar pensando en ponerme y quitarme la copa.

Hace años que existen, aunque la sociedad se ha encargado de no publicitarlas mucho... Se trata de una copa de silicona reutilizable que se introduce en la vagina. Algunos de sus beneficios son que puedes llevarla hasta 12 horas, si la cuidas, te puede durar hasta 10 años y su precio ronda los 10-40 euros, según modelo y marca. Para higienizarla solo tienes que hervirla durante unos 10-15 minutos por cada regla.

Otra opción son las compresas de tela, que funcionan como los antiguos paños de nuestras bisabuelas. Tienen la misma capacidad que las compresas comerciales, se venden en distintos tamaños, no huelen y son cómodas. Para lavarlas, a la lavadora y listo. Si te preocupan las manchas, sécalas al sol, y si tienes que cambiarte fuera de casa, llévate una bolsa húmeda y guarda la sucia allí. Su precio ronda los 10-15 euros, dependiendo de la absorción, y puedes usarlas durante unos 5 años.

También puedes usar las bragas menstruales, con una capa absorbente que dura como 2-4 tampones. Las encontrarás para varios niveles de flujo: ligero, medio y abundante. Tampoco huelen, pueden lavarse en la lavadora en el ciclo frío y se secan al aire. Son muchas las mujeres que usan paños, así que esta alternativa es más efectiva, higiénica y reutilizable. Las encontrarás desde unos 20 euros.

3 braguitas menstruales =
gasto total en compresas y tampones de 1 año

Por último, si lo tuyo son los tampones, ¿por qué no probar los de algodón orgánico sin aplicador? No ahorrarás en celulosa, pero evitarás que el aplicador de plástico acabe en el vertedero.

Como la comodidad es primordial, ¿te has planteado combinar dos o más propuestas, como hago yo?

Higiene capilar

Tanto si hablamos de champús y acondicionadores como de depilación y afeitado, el cuidado del cabello es fundamental. Y sí, también puedes ser más sostenible contigo y con el medio según lo que uses.

Champú y acondicionador

Tengo el pelo muy rizado, y he pasado muchos años, sobre todo en la adolescencia, odiándolo y queriendo cambiarlo a toda costa: me lo alisaba constantemente (provocando que se me secase y quemase por el calor), además de usar una gran cantidad de potingues de todo tipo. Pero desde que empecé a cambiar mi rutina capilar, amo mi pelo y lo tengo mejor que nunca.

Existen muchas alternativas sostenibles que te permitirán cuidar de tu pelo y del medioambiente al mismo tiempo. Hay tiendas en las que venden champú y acondicionador líquido a granel: lleva tus envases y pide que te los rellenen. Así reducirás la cantidad de plásticos que dejas entrar en casa.

El champú y el suavizante en pastilla son mis favoritos desde hace seis años, además de ser ideales para los que viajan, ya que ocupan poco. Los encontrarás sin envase o con envoltorio reciclable, así que tanto el planeta como tú saldréis ganando. Cuando mojas la pastilla, hace espuma: coge la cantidad necesaria y lávate el pelo como lo harías con un champú tradicional. Si tu pelo es seco, usa uno que contenga aceite de coco, por ejemplo, que te ayudará a hidratar el cabello, y combínalo con un acondicionador sólido que solo tienes que frotar y dejarlo reposar unos minutos. Otra opción es que te frotes aceite de coco o de oliva en el pelo y lo dejes actuar 20 minutos antes de ducharte para conseguir ese extra de hidratación que tu cabello necesita. Yo lo hago cuando veo que mi pelo necesita mimos.

¿Te lavas el pelo cada día? Cuanto menos te lo laves, menos grasa soltará tu cuero cabelludo, menos tendrás que lavártelo y más agua y productos ahorrarás. Yo me lo lavo una vez cada 7-10 días, y es más que suficiente. Una vez lavado, deja que se te seque al aire o al sol: gastarás menos energía y no dañarás tanto tu pelo con el calor directo. Con una toalla absorbente, te quedará casi seco. Si tiende a encresparse, usa aceite de coco o cualquier otro para domar esos pelillos traviesos, pero no uses mucha cantidad o se te verá sucio.

Los días que no utilices champú, puedes usarlo en seco: solo necesitas una cucharada de almidón de maíz o harina de arrurruz y guardarlo en un bote de cristal hermético. Si tienes el cabello oscuro, añádele cacao en polvo, o canela si es castaño. Con una brocha para polvos, aplícalo en las raíces, deja que actúe durante 5 minutos, cepíllalo o retíralo con los dedos y ¡listo! De este modo, tu pelo se acostumbrará a que lo laves cada varios días, no a diario, y tu cuero cabelludo te lo agradecerá soltando menos sebo.

En el mercado encontrarás peines y cepillos de madera natural que podrás reciclar cuando acabe su vida útil. Una recomendación extra es que te cepilles el pelo antes de lavártelo, sobre todo si lo tienes rizado: se te romperá menos que si te lo cepillas mojado.

Depilación y afeitado

El vello es todo ese pelillo corporal que a muchos no les gusta y que se empecinan en arrancarlo de raíz (o rasurarlo). Pero ¿hay unas opciones más sostenibles que otras? Vivimos en una época en la que han proliferado las maquinillas de usar y tirar.

?

- Según la EPA, al año se descartan más de 2.000 millones de maquinillas.[48]
- Según FACUA, las maquinillas para mujeres son más caras que las de los hombres, casi un 171 % más.[49]

Si quieres rasurarte el pelo corporal, opta por las maquinillas clásicas, esas en las que solo cambias la cuchilla, no el cabezal. Intimidan al principio, pero cuando les cojas el truco, te encantarán. Las encontrarás desde 10 hasta 100 euros, según lo moderna que la quieras. Algunas tienen protecciones en los laterales para evitar cortes o combinan tres filas de cuchillas y una cabeza móvil para un depilado suave y efectivo.

Por lo que se refiere a las espumas y geles de afeitado, suelen venir en formato aerosol. Como los demás aerosoles del baño, si el recipiente está completamente vacío, se puede reciclar, pero ¿has pensado en la opción de usar un aceite de afeitado, que viene en bote de vidrio? También está la opción de las cremas y los jabones, que se aplican con una brocha húmeda en forma de espuma y duran más. Para zonas con vello suave, con un jabón en pastilla que haga espuma será más que suficiente.

Como al lavarnos los dientes, recuerda cerrar el agua mientras te afeitas. Algunas maquinillas están pensadas para usarse en la ducha y eso puede provocar un derroche absoluto en lo que tardas en afeitarte o depilarte cualquier parte del cuerpo. Una opción sería tapar el desagüe de la ducha mientras la utilizas y usar el agua que quede para el afeitado.

Si prefieres arrancar el pelo, tienes la opción de usar cera de azúcar. O bien... ¡dejar de afeitarte o depilarte! La elección, como siempre, depende de ti.

Cosmética

¿Cuántos productos tienes para cada cosa? ¿Eres de los que compran un cosmético cuando se acaba el anterior o te dejas influir por las novedades mejor publicitadas del momento? Yo he sido la primera que me he dejado llevar por contenidos en redes sociales, sobre todo con el auge de los canales de maquillaje, y he comprado sin ton ni son cosas que luego se me han caducado sin usarlas. Acumulamos montones de productos en los que las plantas, las grasas y los minerales que se usaban en la antigüedad para cuidar la piel de la cara y maquillarse brillan por su ausencia. Cada año, la industria cosmética produce más de 120.000 millones de envases no reciclables o que no se reciclan bien.

Primero, haz una limpieza y deshazte de lo que esté caducado, estropeado o sea tóxico. Después, deja a mano lo que tengas que usar antes de que caduque, incluidas las muestras que dan muchas marcas, que no son reciclables.

- De cada 10 cosméticos que compra una mujer, solo suele usar... ¡1![50]
- De media, desechamos casi 6.000 productos de belleza a lo largo de la vida, lo que se traduce en más de 200.000 euros tirados a la basura.[51]

De un tiempo a esta parte, el auge del veganismo y el vegetarianismo ha hecho crecer la demanda de cosmética vegana y *cruelty free*. En muchos países se han prohibido los ensayos en animales, pero ten cuidado con las etiquetas «natural» y «orgánico», dado que las legislaciones mundiales no están unificadas en este sentido.

Laca de uñas

La mayoría llevan plásticos que, cuando se retiran, se transforman en microplásticos. Además, no respetan la naturaleza de las uñas, lo que puede provocar malformaciones y la pérdida del esmalte natural. Elige las que llevan base de agua sin disolventes. Tus uñas te lo agradecerán, aunque mi recomendación es que no te las pintes y las lleves al natural.

Cuando tengas que comprar un cosmético, ya sea crema, maquillaje o perfume, si quieres cuidar el planeta, decántate por los que llevan ingredientes naturales y, por supuesto, que no se testen en animales. Si además los encuentras a granel, rellena tu propio envase: ahorrarás y cuidarás del planeta al mismo tiempo. Algunas empresas han empezado a desarrollar programas de reciclaje de sus productos, así que puedes informarte antes de comprarlos. Elige productos naturales, sostenibles y éticos para tu cosmética diaria.

Otra opción es pasar de maquillarnos cada día a dejarlo para las ocasiones especiales, algo que llevo años aplicando y tengo la cara mejor que nunca. Sobre todo, simplifica tu rutina, no tienes que seguir diez pasos. Con una limpiadora, un sérum, una buena hidratante y protección solar es más que suficiente para brillar de forma natural.

Haz tus propios productos cosméticos

Aquí encontrarás tanto maquillaje como opciones hidratantes que te permitirán ahorrar, cuidarte y ser más sostenible. ¿Te animas a crear tu propia cosmética?

Bálsamo labial

Ingredientes

- 1 cucharada de manteca de karité o cacao
- 1 cucharada de cera de soja
- 1 cucharada de aceite de coco
- 1-3 gotas de aceite esencial comestible
- 1 recipiente de bálsamo labial vacío

Elaboración

1. Derrite la manteca, la cera y el aceite en un recipiente al baño maría.
2. Retira del fuego y agrega las gotas de esencia.
3. Vierte la mezcla en el recipiente y espera a que se solidifique.

Exfoliante facial

Ingredientes

- 2 cucharadas de café molido (o posos)
- 1 cucharada de aceite de coco
- 1 cucharadita de azúcar

Elaboración

1. Mezcla los ingredientes hasta obtener una pasta.
2. Aplícala en la piel húmeda con movimientos circulares.
3. Enjuaga con agua tibia.
4. No te expongas al sol después de usarla.

Mascarilla facial

Ingredientes

- 2 cucharadas de arcilla (bentonita, verde...)
- 1 cucharada de agua

Elaboración

1. Mezcla la arcilla con el agua hasta conseguir una pasta
2. Añade la miel, si la usas.
3. Aplica la mascarilla y déjala 10-15 minutos.
4. Enjuaga con agua tibia. ¡Piel revitalizada!

Crema hidratante corporal

Ingredientes

- ½ taza de manteca de karité o de cacao
- ½ taza de aceite de coco
- 3-5 gotas de aceite esencial (opcional)

Elaboración

1. Derrite la manteca y el aceite al baño maría.
2. Retira del fuego, mezcla y deja enfriar.
3. Si quieres, añade el aceite esencial.
4. Guarda la mezcla en un frasco y aplícatela en el cuerpo después de la ducha.

Colorete

Ingredientes

- 3-4 cucharadas de polvo de remolacha
- 1-3 cucharaditas de almidón de maíz
- Cacao en polvo (para subir el tono)

Elaboración

Mezcla todos los ingredientes hasta obtener el tono deseado.

Desmaquillante natural

Ingredientes

- Aceite de coco

Elaboración

Aplica un poco de aceite de coco en una toallita reutilizable y retira el maquillaje.

Sombra de ojos

Ingredientes

- ½ cucharadita de almidón de maíz
- ½ cucharadita de arcilla bentonita
- Polvos del color que quieras: carbón, cacao, espirulina, cúrcuma, remolacha, jengibre...
- Aceite de vitamina E o gel de aloe vera

Elaboración

1. Mezcla el almidón y la arcilla.
2. Añade los colores que te gusten hasta que encuentres la tonalidad perfecta.
3. Añade el aceite o el gel hasta conseguir una mezcla sólida que no suelte polvo.
4. Aplícalo con un pincel para sombras.

Delineador y rímel

Ingredientes

- 3 cápsulas de carbón (en farmacia u *online*)
- ½ cucharadita de aloe vera
- ⅛ de cucharadita de aceite de vitamina E
- 3 cucharadas de aceite de coco
- 15-20 gotas de aceite esencial
- 2 cepillitos: para el rímel y el delineador

Elaboración

1. Mezcla los ingredientes y guarda la pasta en un frasquito.
2. Usa el cepillito según la finalidad.

Notas

- Si puedes, compra los ingredientes a granel para evitar los envases.
- Guarda los productos en botes oscuros herméticos para que conserven sus propiedades. Puedes hacer todos los cambios que quieras según tus preferencias y necesidades, así que no te cortes a la hora de experimentar. ¡La cosmética 100 % sostenible es posible!

Limpieza del cuarto de baño

El baño, junto con la cocina, es el lugar de la casa en el que se suele acumular más suciedad, así que hay que limpiarlo más a menudo que otras habitaciones. Como sucede con todos los productos de limpieza, pueden ser altamente tóxicos e impactar de forma muy negativa en el medio. Durante años, el marketing ha provocado que hayamos preferido comprar productos específicos para el inodoro, los cristales, el aluminio, el suelo… ¿Estás contando botes? Pues ahora mira los químicos que contienen: matan bacterias y lo que no lo son. ¿Te gusta el aroma que dejan? Pero ¿son respetuosos con el medio y con tu salud?

A muchos ya nos huele que no es así, pues desprenden vapores que pueden irritar los ojos, las manos y las mucosas. ¿Qué hacer si no entendemos lo que pone en la etiqueta? Algunas organizaciones de consumidores, como la OCU, previenen del uso de productos que contienen tóxicos peligrosos para nosotros y para el planeta, como los específicos para el inodoro (ácidos), los desatascadores químicos (sosa cáustica, lejía y productos corrosivos), los desinfectantes y antibacterias (dañan la flora y la fauna del desagüe y generan resistencia bacteriana en los humanos) y los ambientadores (sustancias nocivas para la salud que pueden provocar asma, bronquitis o migrañas). Si tienes una ventana en el baño, ábrela en vez de echar perfumes de dudosa procedencia.

Los productos naturales como el bicarbonato de sodio, el limón o el vinagre te permitirán desinfectar esta parte de la casa sin emitir tóxicos dañinos. Además, muchos aceites esenciales contienen propiedades antisépticas, desinfectan y ¡huelen bien!

En el baño se acumulan bacterias y moho que puede convertir este espacio en un lugar insalubre. Nosotros, para el día a día, usamos un pulverizador con vinagre blanco reducido con agua para limpiar todas las superficies, dado que es antimicrobiano y acaba con los malos olores. Para limpiezas más profundas, lo combinamos con bicarbonato, limón y ácido cítrico.

En el capítulo «Cuestiones generales» encontrarás mis recetas caseras para productos de limpieza (págs. 46-50).

7. El despacho y la zona de estudio

Si trabajas desde casa, me entenderás cuando te digo que tener un espacio en el que estar a gusto y considerarlo tu oficina es superimportante para aprender a desconectar cuando no tienes que trabajar. Y esto lo escribo desde el sofá porque mi despacho sigue sin montar, así que estoy deseando tenerlo listo cuanto antes porque de esta manera no desconecto nada.

Quizá tengas una habitación que uses como despacho o estudio, puede que hayas habilitado un área de tu casa para este fin o que tus circunstancias personales hayan cambiado y te estés planteando hacerlo ahora. En cualquier caso, conseguir que sea saludable y sostenible depende de ti.

Desde la pandemia, muchos nos vimos forzados a buscar esta zona en el hogar, ya fuera para seguir las clases *online* o porque se nos impuso el teletrabajo. ¡En mi caso fueron las dos cosas! Me tocó estudiar a distancia el último cuatrimestre de la carrera y teletrabajar para la oficina, compartiendo espacio con mi chico, que también teletrabajaba... ¡Todo un reto! Igual en aquel momento fuimos un poco a lo loco, pero seguro que, con algunos consejos y recomendaciones, te apetecerá ponerte a trabajar o a estudiar en la zona que diseñes siendo respetuoso contigo y con el planeta.

- Antes de la pandemia, el teletrabajo ya se consideraba una forma de luchar contra el cambio climático.
- Según el *Libro blanco del teletrabajo*, si todos los españoles teletrabajásemos dos días a la semana, se ahorrarían 3.000.000 de toneladas de gases contaminantes al año.[52]

Son muchos los aspectos que puedes tener en cuenta o modificar para que este lugar en el que pasas gran parte del tiempo se adapte a tu forma de pensar y a tu decisión de llevar una vida más sostenible.

¿Espacio único o zona multifunción?

Lo ideal sería tener una habitación destinada al trabajo o el estudio para separar la vida familiar de la profesional, o bien para alejarte del ruido y las distracciones mientras estás allí. Sin embargo, en muchas ocasiones esto no es posible debido al tamaño de los hogares actuales. ¿Qué podemos hacer en un *loft* de treinta metros o en un piso compartido?

Cuando me independicé y me tocó teletrabajar y estudiar desde casa junto a mi pareja, fue tremendo. Al principio vivíamos en un piso con una sola habitación, por lo que uno se ponía en la mesa o el sofá y el otro en la cama. No era lo mejor, pero a veces toca apañarse, y la mesa del comedor puede ser maravillosa: ofrece mucho espacio y es multiusos. Cuando nos vinimos a Navarra, alquilamos un piso con una habitación extra para montar el despacho y la cosa cambió. Desde ahí empecé a crear contenido: ese espacio me venía genial para mostrar distintos fondos. Ahora, en la casa nueva, tengo una habitación que será despacho, cuarto de invitados, sala de grabación y espacio multiusos. Como ves, se dan muchas situaciones, pero hay soluciones para todos los tamaños y bolsillos. Lo importante es que tu espacio promueva un entorno de trabajo saludable y sostenible.

Antes de ponerte manos a la obra, es importante que definas dónde trabajarás o estudiarás. Si teletrabajas o eres emprendedor y vas a instalar la oficina en casa, es mejor que cuentes con una habitación que te permita organizar tu trabajo: mobiliario ergonómico necesario, material tecnológico, archivadores... En este caso, recuerda: trabaja en casa, pero no siempre que estés en casa. Si vives para trabajar, quizá eso afecte negativamente a tu salud. ¡Y te lo digo por experiencia! El hecho de tener un lugar dedicado a esta actividad te permitirá cerrar la puerta y olvidarte del trabajo en tus ratos de ocio. Es fundamental separar las dos actividades, aunque con la hiperconectividad actual a veces no es fácil.

Si trabajas fuera, pero a veces necesitas hacerlo desde casa, quizá sea suficiente con que reserves un rincón en el que pongas un pequeño escritorio. ¿Cómo separar las zonas? Hay muchas opciones: poner una alfombra, colocar una estantería o un biombo, cambiar el color de la pared… Lo que no es recomendable es trabajar de cara a la pared en un rincón oscuro y feo. Elige un espacio bien iluminado con luz natural si es posible.

¿Y si sois muchos los que tenéis que trabajar o estudiar en casa? En ese caso, habrá que ver cómo organizar las distintas zonas para fomentar la creatividad de todos sin renunciar a nada.

En la actualidad existen muchas soluciones que puedes implementar para que tu zona de trabajo situada en el salón, el pasillo o un dormitorio quede oculta de noche y no te invite a seguir trabajando. Los escritorios abatibles, los portátiles que pueden guardarse en la estantería o en un cajón, o las mesas y sillas ergonómicas que pueden formar parte de la decoración de la estancia te permitirán recuperar la normalidad cuando dejes de trabajar.

Ambiente: luz, ruido y aire

Todos sabemos lo mucho que influye el ambiente a la hora de estudiar o trabajar, ya que las características del cuarto o espacio donde lo hagas influyen en la concentración y en lo mucho o poco que te rinda el tiempo que pasas allí. En este apartado te voy a explicar cómo puedes obtener los mejores resultados gracias a un ambiente propicio. El resto… depende de ti.

Luz

El ambiente es fundamental en una zona de trabajo, y el primer aspecto que deberías tener en cuenta es la iluminación. La luz que entra por la ventana levanta el ánimo al instante y llena de energía. ¿Te acuerdas de Wall-E? Pues nos pasa un poco lo mismo, necesitamos la luz para vivir. Además, la buena iluminación reduce la fatiga visual y el dolor de cabeza. ¿Alguna vez has trabajado bajo la luz fluorescente? Yo sí, en la oficina de mi antiguo trabajo. Seguro que todo el mundo parecía pálido, como falto de energía. ¿Crees que en un ambiente así florece la creatividad? Además, la luz natural supone un importante ahorro en la factura.

Para sacar el máximo partido de esta iluminación, puedes usar persianas o cortinas que te permitan controlar la cantidad de luz que entra. Si el despacho o la zona de estudio está cerca de una ventana, intenta que la luz no incida de forma directa para evitar los reflejos o que te deslumbre. Si, por el contrario, está en una zona más oscura o la luz natural es tenue, puedes tomarte pausas para acceder a estancias más iluminadas y no perder su capacidad para recargarte las pilas. La pausa del café en el balcón en primavera o con el sol entrando por la ventana y dándote en la cara en invierno es maravillosa. Y si, como yo, tienes jardín, ¿qué mejor sitio para tomarte el descanso?

En el caso de la luz artificial, es útil contar con una luz o varias que iluminen la habitación de manera uniforme y disponer de un foco dirigido hacia la zona de trabajo, como un flexo, por ejemplo. La luz tiene que venir desde arriba, por encima del hombro. Para diestros, tendría que colocarse a la izquierda, y al contrario para zurdos. De esta manera, no te harás de pantalla y se iluminará bien la zona de trabajo.

Para averiguar qué luz es más adecuada, es importante que tengas claras las necesidades de tu puesto de trabajo y tus preferencias y capacidad personal. Imagínate tener que trabajar con poca luz todo el día: no solo te destrozarías los ojos, sino que también te agotaría, ¿no? Por eso elegir buenas soluciones lumínicas es tan importante.

Ruido

El nivel acústico es otro aspecto fundamental para que tu zona de estudio o trabajo sea confortable. ¿Alguna vez has trabajado con ruido? Si es así, sabrás que suele ser un motivo de estrés y que, en esos casos, la concentración brilla por su ausencia... El año pasado tuvimos obras delante de casa durante meses, y para mí fue terrible. Intenta que la habitación o la zona de trabajo esté lo más alejada posible de las estancias más ruidosas, como la cocina y el comedor, o de las calles más transitadas, para que aumente la calidad de tu trabajo.

Evitar el ruido puede ser un todo reto, y más si convives con familiares o mascotas. Algunos consejos para ayudarte a crear un ambiente más silencioso son:

- Los muebles blandos, como las cortinas y las alfombras gruesas, pueden aislar la zona de trabajo y amortiguar las vibraciones.
- Los textiles y muebles que absorben el ruido te ayudarán a mejorar el aislamiento acústico de la estancia.
- El doble acristalamiento te alejará del ruido exterior y conseguirás una oficina casera más ecológica, dado que reduce el consumo energético entre un 10 y un 15 %.

Aire

En el lugar de trabajo, la calidad del aire afecta directamente a la salud y al bienestar, así que mi recomendación es que tengas el área de trabajo limpia y ordenada y que reduzcas las superficies donde pueda acumularse el polvo.

La temperatura del aire también influye en la sensación de confort: tendría que estar entre 20 y 24 °C. Y no te olvides de ventilar. Yo suelo empezar la jornada abriendo la ventana unos minutos para que entre aire nuevo.

Las plantas de interior: aliadas para mejorar la calidad del aire

El color verde calma: permite conectar con la naturaleza y crea un entorno de trabajo atractivo y agradable, pero son muchos más los beneficios que aportan las plantas. Reducen el estrés, eliminan las toxinas y liberan oxígeno, lo que crea un entorno más adecuado para el trabajo, además de mejorar la parte estética, porque ¿a quién no le gusta tener unas bonitas plantas decorando? *Photos*, cactus, helechos, ficus... Hay muchas opciones.

Y no te olvides de los purificadores de aire, de los que te he hablado en el capítulo «Cuestiones generales» (págs. 39-40).

Mobiliario y ergonomía

Si quieres crear un despacho o zona de estudio sostenible en casa, debes elegir bien los muebles, y que además sean respetuosos con las necesidades de tu cuerpo. Tanto si quieres adaptar los que tienes como si estás montando la habitación desde cero, voy a darte algunas recomendaciones.

Según el diccionario de la Real Academia, la ergonomía es el «estudio de la adaptación de las máquinas, muebles y utensilios a la persona que los emplea habitualmente, para lograr una mayor comodidad y eficacia». Para amar y cuidar del planeta, debemos empezar por nosotros mismos. En el caso de que trabajes o estudies en casa, ya sabrás la importancia que tiene prevenir las malas posturas, que pueden influir en la salud, así que voy a incluir algunos consejos y recomendaciones para que respetes tu cuerpo durante las horas que pases en tu zona de trabajo.

Muebles ergonómicos

Muchas veces, antes de diseñar el espacio de trabajo, visitas exposiciones, miras revistas de decoración, acudes a YouTube o mi opción favorita: buscar imágenes en Pinterest. Bonito, ¿verdad? Pero ¿cómodo, sostenible, respetuoso contigo y con el medio? Como eso es lo que te preocupa, veamos algunos aspectos que puedes tener en cuenta.

Si vas a comprar muebles, elige los que tengan bajo contenido en COV, ya que liberan menos químicos al ambiente, o busca los de madera recuperada certificada. Escoge siempre productos duraderos y que sean fáciles de mantener, reparar y cambiar de tamaño y función, lo que reducirá tanto su coste como el impacto en el medio. Otra opción son los muebles de segunda mano. Hay aplicaciones de venta del mercado circular, reventa y segunda mano en las que puedes encontrar y comprar verdaderas joyas aptas para todos los bolsillos, y también vender los tuyos, todo un *win win*. Yo, por ejemplo, he restaurado algunos muebles de segunda mano para darles mi toque personal.

Si vas a pasar muchas horas delante del ordenador, invierte en una silla o sillón ergonómico. La postura sentada en silla, para el ser humano, no es natural, de manera que, a largo plazo, puede provocar dolores e incluso lesiones. Elige las fabricadas con materiales sostenibles, como el plástico reciclado o el bambú, y que respeten la ergonomía. Lo que deberías buscar en una silla ergonómica es:

- Altura regulable.
- Apoyo lumbar para tener la espalda recta.
- Reposabrazos ajustables.
- Ruedas.

La mesa tendrá que responder a tus necesidades: no es lo mismo trabajar solo con el portátil que tener delante papeles, libros, bandejas y necesitar un espacio para escribir. Según tu actividad, elige la mesa más adecuada para ti. Los escritorios regulables en altura permiten cambiar de posición, sentado o de pie, y evitan los dolores de espalda. En cualquier caso, recuerda que ir cambiando de postura fortalece los músculos y la columna. Reutilizar y reacondicionar un escritorio antiguo puede ser una opción sostenible y respetuosa con tu cartera.

Si tu espacio de trabajo está integrado en otra estancia, las estanterías abiertas por los dos lados y los contenedores reutilizables te permitirán separar los espacios y reutilizarlos cuando termine su vida útil como mueble de estudio o trabajo.

Ordenadores

La pantalla del ordenador siempre ha de estar delante de ti para evitar que mires de lado o que se te cargue el cuello, además de reducir los destellos que cansan la vista. Si usas más de una pantalla, la principal tendría que estar enfrente y, las otras, a los lados.

El borde superior de la pantalla tiene que estar un poco por encima del nivel de los ojos. Algunas pantallas permiten regular la inclinación, el giro, la altura, etc., pero si no es el caso de la tuya, puedes usar un soporte para monitor. Evitarás la fatiga visual si colocas la pantalla a 30-40 cm de tu cara.

Respecto al tamaño del monitor, el mínimo sería de 14”, aunque con los grandes se te cansará menos la vista. Y recuerda que es importante ajustar el contraste, el brillo y el tamaño de la letra según tus necesidades.

Si usas un portátil, los elevadores o atriles son muy útiles porque la pantalla siempre suele quedar por debajo de los ojos. Te recomiendo también el uso de un teclado externo y de un ratón ergonómico si lo usas como ordenador de sobremesa.

Hábitos

Hay dos aspectos importantes respecto a los hábitos que inciden en la ergonomía en el trabajo: la comida y el descanso.

Comer bien es importante para que te sientas bien, y es necesario que respetes ese momento. No comas mientras trabajas; aprovecha la pausa para dedicar a tu alimentación la atención y el cuidado que necesita. Recuerda que comer es un placer.

Por lo que respecta al descanso, tan importantes son las horas de sueño nocturno como las pausas que hagas en el trabajo. Un cerebro cansado no es productivo, así que te recomiendo que cuentes con soluciones que te permitan descansar para que tu jornada laboral o tu tiempo de estudio sea más productivo y eficiente.

Cuando estudiaba, me encantaba marcarme retos y hacer pausas entre uno y otro; si los conseguía, me recompensaba de algún modo: darme un paseo, leer unas páginas de mi libro del momento o tomarme un té con algo dulce. Ahora, con el trabajo, intento hacer lo mismo. Fomenta mi creatividad, me ayuda a desconectar y después me concentro mejor.

La técnica del Pomodoro

Tanto con el reloj en mano como usando una *app*, puedes aplicar esta técnica. Se trata de combinar el trabajo intenso con momentos de meditación para calmarte y aumentar tu creatividad y productividad. ¿Te animas a probarla?

1. Dedica 20-30 minutos a la tarea que estás realizando totalmente concentrado.
2. Pasado este tiempo, descansa durante 5 minutos.
3. Una vez realices cuatro ciclos completos, descansa 15 minutos.

¿Notas el cambio? Seguro que te ayudará a evitar las distracciones.

Materiales sostenibles

Un pequeño cambio puede marcar la diferencia: usa accesorios reutilizables, material reciclado (papel, carpetas, bolígrafos...) y no compres más de lo que necesites. Recuerda:

> **menos productos =**
> **menos residuos y menos materiales**

Así no solo respetarás el medio, sino también tu economía. A pesar de que es fundamental reducir tu impacto en el planeta, ten en cuenta qué acciones pueden influir en él. Por ejemplo, si necesitas mucho material continuamente, opta por hacer una compra grande, así ahorrarás tiempo y dinero, no solo porque igual te hacen mejor precio, sino además en el transporte. Otra opción es que busques *packs* de segunda mano: mucha gente los vende porque ya no los necesita o cuando cierra una tienda que aún tenía stock. Y no te olvides de las plumas rellenables para escribir: son mejor opción que los bolígrafos convencionales.

Para la vuelta al cole, al trabajo o a la universidad, aunque veas las tiendas cargadas de muchos productos de escritorio, primero revisa lo que tengas en casa y puedas reutilizar. Nosotros siempre lo hemos hecho así, tanto por sostenibilidad como por economía, y me parece primordial. Es una locura que la vuelta al cole cueste cientos de euros por comprar cosas que ya tenemos de años anteriores. Los rotuladores y lápices no se gastan de un año para otro; el bolso o mochila se puede reutilizar y, si no, usar otro que tengas en casa; como estuche, puedes usar un neceser pequeño que guardes en algún cajón y las libretas que están a medias pueden usarse al año siguiente. Recuerda que si tienes que comprar, mejor invertir en calidad para evitar que al año siguiente tengas que reponerlo.

¿Sabías que...?

- Los bolígrafos son artículos desechables que se fabrican con plásticos.
- En China, cada año se fabrican 38.000 millones de bolis y en todo el mundo se venden 300 a cada segundo. Si anualmente se desechan 1.600 millones, ¿dónde crees que acaban?[53]

Las papeleras y los contenedores de distintos tamaños te ayudarán a diferenciar y separar los residuos mientras trabajas: papel, plástico, cartón..., aunque te recomiendo que las tengas en un solo sitio de la casa para no acumular basura por todas partes.

Si quieres potenciar tu memoria, te resultará muy útil colgar un corcho en la pared para fijar recordatorios o pintar la pared con pintura magnética o de pizarra para anotar esquemas, citas o ideas que quieras tener presentes.

En ellos también puedes dibujar mapas mentales o expresar tu estado de ánimo, de forma que potencies tu creatividad. He sido de las de tener siempre un corcho lleno de notas, fotos, recordatorios o dibujos que me animaban a seguir en mi tarea y potenciaban mi creatividad. En mi nuevo despacho pretendo tener algo similar para organizarme, ya que para mí es muy importante ver las cosas en directo.

En casa siempre usamos baterías y pilas recargables porque, además de evitar compras, a largo plazo nos ayuda a ahorrar.

Y recuerda que hay productos reutilizables y duraderos que puedes incluir en tu espacio de trabajo. Por ejemplo, utiliza botellas de cristal reutilizables en vez de las de plástico para beber agua, envases y bolsas reutilizables cuando tengas que salir del despacho, o bien prepárate el café de especialidad en cafetera italiana cuando te tomes una pausa durante el trabajo o estudio. Estas pequeñas acciones te permitirán llevar un estilo de vida sostenible y transmitirlo a quienes te rodean.

Tecnología

Vivimos hiperconectados a teléfonos, ordenadores y dispositivos electrónicos. El área de trabajo es el lugar donde, por lo general, pasamos más tiempo con ellos, en especial con los ordenadores, que usamos para trabajar, navegar por internet, hacer compras, ver películas y mucho más. La tecnología es una gran aliada —estoy escribiendo esto en un documento de texto en mi portátil—, pero hay que ser conscientes de su impacto, no solo por los aparatos en sí, sino también por el almacenamiento en la llamada «nube».

El concepto de la «nube» es idílico: parece que todo lo que se sube ahí flota en el aire y evita que acabe impreso, gastando así papel y salvando árboles y recursos, pero de lo que muchos no son conscientes es de que esta «nube» está formada por megaordenadores que ocupan naves y naves que necesitan energía, refrigeración, materiales, mantenimiento, etc. Así que no te recomiendo que acumules archivos digitales sin ton ni son. Para empezar, podrías hacer una limpieza de tu ordenador y tu móvil, que te lo agradecerán, y luego pasar a todas las plataformas como Google (Drive, Mail, etc.), iCloud, OneDrive, e ir borrando los archivos que no necesites. Para los que quieras conservar, mejor guárdalo en un disco duro externo para tener en casa todas esas fotos de tu perro o de los viajes maravillosos que has hecho, asegurándote de que no se vayan a perder si un día cae la «nube».

Si te estás planteando la compra de un ordenador, elige los nuevos dispositivos portátiles de bajo consumo. Un portátil dura más encendido con la energía de la batería, así que no impactará tanto en el medioambiente si lo comparas con la que se usa para alimentar y enfriar un ordenador de sobremesa. Y no tiene que ser nuevo: cada vez hay más opciones de tecnología reacondicionada que te harán ahorrar mucho dinero.

¿Eres de los que aún usan impresora en casa? Admito que tengo una que uso a veces para imprimir pegatinas de paquetes que vendo en plataformas de segunda mano o algún dibujo para colorear (sí, me encanta), pero no suman más de 50 hojas al año, tirando por lo alto.

Cuando tengas que imprimir, usa papel reciclado. Cada hoja supone menos árboles talados, así que aportarás tu granito de arena al planeta.

Los nuevos dispositivos, enchufes y regletas inteligentes permiten controlar el uso de la energía de los dispositivos electrónicos. Si no lo estás usando, automáticamente lo apaga o lo pone en modo suspensión, lo que evita que se desperdicie la electricidad y te hace ahorrar en la factura de la luz.

Organización y limpieza

Limpiar y ordenar no suelen ser las tareas más apasionantes del mundo, pero son básicas si quieres que el espacio de trabajo sea adecuado y sostenible. Antes de limpiar, ordena. Observa el cuarto y elimina todo lo que no utilices. Recuerda que puedes reciclarlo, venderlo o donarlo. No hace falta que lo hagas todo de golpe: dedícate a un cajón cada vez para no abrumarte.

Por lo que se refiere al orden, puedes usar bandejas y contenedores reciclables o reciclados para almacenar el material de escritorio, como los bolígrafos, los lápices, los clips o los pósits. Yo soy muy fan de la organización, por lo que tener cajas y separadores para cada cosa me encanta. No hace falta que te conviertas en Marie Kondo, pero recoger tu espacio de trabajo te aportará la paz mental que necesitas.

Los recogecables, las canaletas, las bridas y las regletas son una gran opción que te permitirá ordenarlos y organizar el escritorio. Recuerda que, cuantas menos cosas tengas en la mesa, menos te costará concentrarte.

Para limpiar, usa productos naturales no tóxicos, como el vinagre, el bicarbonato y el zumo de limón. Además de que puedes encontrarlos en todas partes, son económicos y respetuosos con el medioambiente. Te hablo más de esto en el capítulo «Cuestiones generales» (págs. 44-45).

Con un poco de esfuerzo y atención, lograrás crear un espacio de trabajo ecológico que beneficie al planeta y potencie tu bienestar. Aquí tienes tres ejemplos:

1. Usa mobiliario de segunda mano para disminuir el uso de recursos.
2. Compra aparatos electrónicos reacondicionados.
3. Separa los residuos, sobre todo los más difíciles de reciclar, como pilas, cartuchos, bolígrafos, etc., y busca alternativas reutilizables al reponerlos.

8. El balcón, la terraza y el jardín

Desde que me independicé, siempre he buscado viviendas con algo de espacio exterior para crear un jardín, por pequeño que fuese. Imagino que este amor por la naturaleza viene de haberme criado en la casa de campo de mis abuelos, rodeada de animales y plantas, y también de una madre a la que le encantan, por lo que en casa siempre hemos tenido muchas. Mi primer huerto urbano —plantar garbanzos en vasos de yogur en el cole no lo cuento— lo hicimos en una terraza muy grande con orientación norte que teníamos en casa de mi madre. Reutilizando palets y bolsas azules de rafia de una tienda que todos conocemos, montamos unas jardineras ideales en las que pusimos tomates, pimientos, berenjenas y fresas. Los años que duró lo disfrutamos muchísimo, porque además creamos una zona *chill-out* y otra de barbacoa con una mesa para juntarnos en familia o con amigos.

Por eso, para mí siempre ha sido muy importante contar con un espacio exterior en casa, y me he apañado con lo poco que tenía para poner mis plantitas, aunque fuese una simple albahaca. Cuando he tenido más espacio —como ahora o en el piso anterior—, he montado una zona para comer fuera y disfrutar de las noches frescas de verano.

Si eres como yo y quieres aprovechar hasta el último rincón exterior en casa sin gastar mucho dinero, voy a darte algunos consejos que te vendrán muy bien. Por otra parte, en las ciudades cada vez hay más animales en riesgo, como pájaros o insectos, así que si les dedicas un pequeño rincón, te lo agradecerán.

?

- En 2022, el gobierno del País Vasco aprobó un decreto por el que todas las viviendas nuevas debían contar obligatoriamente con terraza o balcón.[54]
- Según un estudio de la Universidad de Brigham Young, exponerse al sol a diario influye positivamente en el estado de ánimo.[55]

Tener plantas o árboles en tu espacio no solo beneficia a tu salud, sino que ayuda a limpiar el aire y, como te decía antes, atrae a la fauna local y la protege, por lo que crear tu oasis personal son todo beneficios. Aquí te cuento algunos:

1. **Reduce el impacto de tu dieta.**
2. **Mejora tu salud.** Pasar tiempo en la naturaleza es bueno para ti.
3. **Absorben dióxido de carbono (CO_2)** y limpian el aire.
4. **Gestiona el agua de forma sostenible.** Recoge el agua de lluvia y riega con ella.
5. **Favorece el compostaje.** Permite reciclar residuos orgánicos del hogar.
6. **Mejoran la calidad del aire.** Absorben la contaminación y liberan oxígeno.
7. **Fomenta la biodiversidad.** Planta especies autóctonas y se acercarán insectos de la zona.
8. **Amplía los espacios verdes en las ciudades.**
9. **Conecta con la naturaleza y contigo.**

1. **Ahorro en alimentos.** Si cultivas en el balcón, gastarás menos en la compra.
2. **Ahorro en decoración.** Usa material reciclado y plantas para decorar.
3. **Ahorro de energía.** Aprovecha la luz del de día y usa iluminación solar de noche.
4. **Ahorro en agua.** El riego eficiente y el uso del agua de lluvia reducen la factura.
5. **Ahorro en ocio.** Si creas un lugar agradable, disfrutarás de tu paraíso privado.
6. **Fomento del consumo local.** Evita los productos importados.
7. **Más valor de la propiedad.**
8. **Revaloriza calles y plazas.**

Crear tu propio oasis no se limita a tener plantas o una zona bonita y sostenible en la que relajarte al final del día. También te conecta con la naturaleza y reafirma tu compromiso con el medio y las generaciones futuras. ¡Cultivemos un futuro juntos semilla a semilla!

Diseño del espacio

Da igual lo grande que sea tu espacio, si está o no cubierto, si tienes zona de jardín o es todo suelo de baldosa... Estos consejos te serán útiles para todas las situaciones.

Soy una persona muy visual y me encanta dibujar las estancias para imaginarme en plano cómo quedará todo —tengo cuadernos llenos de habitaciones o con la organización del huerto—, así que te animo a que rescates esa libreta olvidada o esos folios usados que aún tienen mucho espacio libre y un bolígrafo o lápiz que tengas por algún cajón, y ¡empecemos!

Para empezar, dibuja el espacio del que dispongas; no tiene que ser perfecto, solo servirte de referencia. Después, haz una lista de las zonas que quieras crear: huerto, zona de comer, sofá para leer o zona de juegos para los peques de la casa. A continuación, analiza tu espacio: por dónde sale el sol, cuántas horas da directamente, si se moja todo cuando llueve o hay tejado, si hace mucho viento... Una vez sepas esto, reparte las zonas que has anotado antes. Aquí te dejo algunas preguntas que te vendrán bien a la hora de planificar tu zona exterior:

1. ¿Has aprovechado la orientación para beneficiarte al máximo del sol?
2. ¿Qué plantas necesitan más o menos luz, para ponerlas en el sitio adecuado?
3. ¿Es viable un sistema de riego eficiente?

4. ¿Te has planteado cómo controlar las plagas?
5. ¿Has pensado en plantas autóctonas para fomentar la flora nativa?
6. ¿Has dejado una zona para los animales que quieran acercarse a tu jardín, como insectos o pájaros?

Lo más inteligente es crear un jardín fácil de cuidar que favorezca tanto al planeta como a ti. Para ello, aprovecha los recursos naturales, recicla y reutiliza al máximo. Con un poquito de creatividad, conseguirás el espacio perfecto.

Agua

El agua es esencial, pero también un recurso cada vez más escaso en varias zonas del país. ¿Recuerdas las restricciones en Málaga de las que te he hablado en el capítulo «El baño»? Por eso, al diseñar el espacio, debes tener muy en cuenta las necesidades hídricas de las plantas que vas a poner: ¿son autóctonas?; si llueve, ¿se regarán solas? ¿Y si pasas unos días fuera? Lo ideal es minimizar el uso del agua y aprovechar al máximo la lluvia.

Si vas a poner un huerto, elige verduras y frutas locales y de temporada, y lo mismo al escoger las flores y plantas con las que quieras decorar tu oasis personal, ya que estarán adaptadas al clima de tu zona y necesitarán menos recursos. Si, por ejemplo, vives en Navarra, como yo, no tiene sentido plantar palmeras mediterráneas o aguacates, que son tropicales.

Si tienes cuatro plantitas, puedes regarlas con una regadera y controlar el agua que gastas. Pero si es recogida de lluvia, aún mejor. Recuerda que también puedes usar el agua de lavar las verduras (como has visto en el capítulo «La cocina») o la del agua de la ducha, mientras esperabas a que se calentase («El baño»).

Trucos

- Anota en una lista las necesidades de riego de cada planta.
- Agrupa las plantas según sus necesidades para darles el cuidado que requieren.
- Riega a primera o a última hora para que el sol no evapore el agua: en verano, a última hora, para evitar el calor; en invierno, por la mañana, para que la tierra no se congele de noche.
- Cubre la tierra con paja, compost o corteza triturada para conservar la humedad más tiempo.
- Recolecta el agua de la lluvia para regar. Puedes usar cubos o bidones si tienes espacio.
- Si riegas a mano, imita la lluvia: empaparás mejor el sustrato y el agua se distribuirá mejor.

Si has montado un huerto urbano, tienes un jardín grande o hay bastantes plantas en distintas zonas, voy a darte algunas recomendaciones relacionadas con el riego que podrás implementar según tus necesidades para que no pierdas ni una gota de agua:

1. **Acolchado *(mulching).*** Consiste en cubrir el suelo de las plantas con materiales orgánicos, como corteza, hojas secas, compost, paja... Mantiene la humedad del suelo, protege las raíces de las temperaturas altas y no necesitarás regarlas tan a menudo. Cuando se

descomponga, enriquecerá el suelo, favorecerá la aparición de lombrices y tus plantas crecerán más fuertes y saludables.

2. **Macetas de autorriego.** Llevan un separador que crea un depósito de agua en la base, de la que salen unos tubos que absorben el agua y la mandan al sustrato, de forma que la planta coge solo la que necesita en cada momento.
3. **Bidón o cisterna recolector de agua.** El recipiente recoge el agua de la lluvia que podrás usar para regar en los meses secos o en periodos de sequía. Puedes colocarlo al final de las canaletas y recoger el agua del tejado. Con un simple filtro en la zona superior, evitarás que se llene de hojas o insectos. Encontrarás bidones de segunda mano desde 10 euros.
4. **Riego por goteo.** Esta instalación consta de unos tubos con pequeños agujeritos conectados a un programador que abre o cierra el grifo de forma automática. El agua cae en la base de las plantas y así se reduce su desperdicio. La opción más económica es montarlo tú, y además es muy sencillo. Lo único que tendrás que comprar es el programador, que suele costar unos 20 euros.

Si tienes un jardín grande, evita los aspersores. Una hora activos consumen la misma agua que una familia de cuatro personas en un día. Si tienes césped, puedes cambiarlo por una mezcla de plantas autóctonas que no necesiten tanto riego y que promuevan la flora y fauna del entorno.

Suelo: fertilización y control de plagas

Antes de correr a tu vivero de confianza a comprar las plantas para tu jardín, hay que preparar el suelo en el que van a crecer y, por supuesto, darles las mejores condiciones posibles. Si quieres poner una tarima de madera sobre el suelo de tu terraza o rellenar una zona con piedrecitas, también te recomiendo que optes por la versión más sostenible. Vuelve a coger el plano que has dibujado antes para ver qué necesitas.

Si vas a cultivar un huerto en el suelo, tendrás que fertilizarlo con compost orgánico. Si quieres instalar bancales —puedes hacerlos con palets reutilizados— o plantar en maceta, necesitarás tierra de buena calidad, conocida como sustrato universal, aunque también puedes encontrar tierra para huerta que ya viene con fertilizante.

Si tienes la oportunidad, pídele a alguien con caballos que te dé estiércol maduro para usarlo como tierra, ¡está cargado de nutrientes para tus plantas! En Navarra también puedes comprar el compost que se hace con los residuos orgánicos que recoge la Mancomunidad a un precio supereconómico: 20 kg cuestan unos 2 euros. Y cómo no, puedes usar el compost que hayas hecho con tus residuos orgánicos, aunque si estás empezando, tendrá que ser para la próxima temporada, ya que necesita un tiempo para estar listo.

Tierra en macetas

- Averigua qué mezcla de sustrato necesitan tus plantas.
- Airea la tierra de vez en cuando, y renuévala cada año añadiendo nueva.
- Si tus plantas crecen mucho y su maceta se queda pequeña (la tierra se queda apelmazada con tanta raíz) cámbialas de tiesto y añade más sustrato.
- No te pases con el abono orgánico, pero no lo olvides si quieres unas plantas sanas.

Si quieres nutrir y fertilizar la tierra sin químicos, la opción más sostenible es el compost casero: aprovecha los residuos orgánicos y los restos de poda para hacerlo en casa. Si cuentas con espacio, puedes hacerte una compostera al aire libre con palets reciclados o comprar una adaptada a tu espacio. También las hay para interior: mezcla en una ratio 1:1 materia marrón (hojas caídas o cartón) con materia verde (restos de comida o de poda), haz una pila, mantenla húmeda y airéala cada vez que eches restos para que se descomponga. Con el tiempo (de seis meses a un año), se convertirá en un fabuloso fertilizante para tus plantas. También puedes hacer compost bokashi, un formato japonés del que obtienes un líquido que se usa como fertilizante en solo un mes: puedes echar todo tipo de restos de comida, a diferencia de lo que admite una compostadora normal, en la que no debes poner restos de carne, pescado o platos cocinados. Los restos de este compost puedes enterrarlos en bancales o macetas y se descompondrán fertilizando aún más la tierra. Además, solo necesitas un cubo de unos 20 litros, por lo que es apto para pisos y viviendas pequeñas.

Para mí, la combinación de ambos métodos es ideal, ya que así aprovecho todos los restos de la cocina. Y, como ves, puede salirte gratis si reutilizas materiales para hacer tu compostera.

Si tienes que hacerte con el material para cultivar tus plantas, puedes optar por sustratos y abonos orgánicos naturales, como la perlita, la fibra de coco, la vermiculita, el estiércol, el humus de lombriz u otros abonos verdes. Por lo que se refiere a los espacios en los que no haya tierra, si lo ves necesario puedes cubrir el suelo con tarima de bambú o poner una alfombra de exterior en la zona de lectura.

Una vez hayas elegido las plantas que quieres tener, toca pensar en qué hacer si llegan plagas, que son muy comunes. Primero, evita los pesticidas químicos que dañan el medioambiente, la salud de los habitantes de la casa y a otros polinizadores, contaminan el suelo... En su lugar, opta por tratamientos naturales para protegerlas o usa la asociación de cultivos para que se protejan entre ellas.

?

- Según la OMS, los insecticidas son muy tóxicos, tanto para ti como para el planeta: deterioran la atmósfera y ponen en peligro la biodiversidad.[56]

La asociación de cultivos consiste en combinar plantas que evitan plagas que afectan a sus compañeras, como plantar albahaca junto a los tomates para protegerlos del pulgón.

Si aparecen estos insectos invasores, primero intenta eliminarlos a mano y quitar las hojas afectadas para controlar los daños. Si ves que la cosa se descontrola, mezcla agua con jabón potásico, ajo, chile, agua con aceites esenciales (árbol de té, geranio, citronela...) o aceite de neem y pulverízala en la planta afectada. Si es muy grave, pásale un trapo con la mezcla por las zonas afectadas. Otra opción son los insecticidas o fungicidas biológicos sin químicos, elaborados con ingredientes naturales: son seguros y se permiten en la agricultura ecológica. En tu tienda de confianza te asesorarán. También existe el control biológico, que consiste en usar otros insectos que no dañarán tus plantas para acabar con las plagas. En los últimos años, está evolucionando mucho.

Combate los hongos de forma sostenible

Si lo que hay en tus plantas son hongos, estas recetas caseras te ayudarán a combatirlos. Mezcla y rocía las hojas afectadas con:

- 1 c/s de bicarbonato de sodio o de potasio + 1 c/s de aceite vegetal + 3 l de agua.
- 3 c/s de vinagre de manzana + 3 l de agua.
- 100 g de ajo fresco + 8 l de agua. Prepara una infusión y rocía las plantas a primera hora de la mañana o a última de la tarde. El tomillo potencia su efecto.
- 1 kg de ortigas + 10 l de agua. Mezcla y remueve cada 2 o 3 días. A los 10 días, cuando dejen de salir burbujas al remover, ya puedes usarlo. Ponte guantes, que la ortiga irrita la piel.

También los seres vivos que se acercarán a tu jardín controlan las plagas de forma natural. Los pájaros insectívoros, las mariquitas, las avispas parasitarias y otros insectos te ayudarán a equilibrar tu miniecosistema. Por eso, como te decía al principio, es importante reservar un espacio para ellos en el jardín: puede ser un plato con agua y piedrecitas para que se posen, una casita para pájaros donde puedan hacer sus nidos y estén protegidos, o un hotel para insectos que puedes hacer tú mismo utilizando objetos naturales como palos.

Plantas y zonas verdes

¿Flores, plantas, hierbas aromáticas, un jardín vertical o un huerto urbano? ¡Todo es posible y muy económico! Como ya has planificado el espacio, te habrás hecho una idea de dónde quieres poner tu zona verde y qué contendrá, así que hazte con el material que necesitas y… ¡a plantar! Como ya te he comentado, lo mejor es optar por la vegetación autóctona y variada si quieres reducir su mantenimiento y que se adapte mejor a tu zona. Si no tienes idea de qué se da bien en tu población, contacta con una asociación de protección de las plantas, ve a un vivero o infórmate en libros o internet para asesorarte. ¿Has pensado en las aromáticas? Se dan muy bien en casi cualquier clima, darán alegría a tus platos y tienen muchos otros usos.

Aromáticas útiles

- **Albahaca:** ahuyenta moscas y mosquitos.
- **Cebolleta:** ahuyenta el pulgón.
- **Eneldo:** atrae insectos buenos que se alimentan de las larvas de insectos malos.
- **Mejorana:** atrae a mariposas y abejas polinizadoras, y controla las plagas.
- **Menta:** ahuyenta insectos como el pulgón.
- **Tomillo:** evita que aparezcan hongos y bacterias, y atrae insectos polinizadores.

En Navarra empezó hace unos años la Biblioteca de semillas con el objetivo de conservar especies autóctonas y promover su cultivo en casa. En los puntos de este proyecto, que suelen ser bibliotecas públicas, tienes acceso a libros sobre horticultura, información sobre los cultivos de tu zona y lo mejor: semillas gratis para que las cultives en casa. Si este proyecto te parece guay y no tienes cerca nada parecido, puedes proponerlo a tu ayuntamiento o comunidad, e incluso crear un grupo de intercambio de semillas. Así todos las tendréis gratis y conoceréis a gente con vuestros mismos intereses.

Cuando vayas a comprar las plantas que hayas elegido, plantéate qué cantidad de tiempo y ganas tienes para cuidarlas, porque de ello depende tu elección, ya que unas son más exigentes que otras. Otra recomendación es que leas la etiqueta: va colgada o impresa en la maceta. Por lo general, indica sus necesidades de sol y riego, e incluye cómo se ha cultivado y de dónde viene, además de su nombre científico. Intenta elegir una que lleve el sello ecológico europeo, que garantiza que se ha producido de forma ecológica. Siempre es más barato comprar semillas que plantas, pero conlleva más experiencia y práctica. También puedes sacarlas de las frutas y verduras que consumas en casa. Los años siguientes recuerda recolectar tus propias semillas para no tener que comprarlas de nuevo.

Si tu jardín o patio es grande, ya tienes plantas y solo quieres añadir alguna más, piensa en las variedades que pondrás: intenta que se complementen y ayuden a crecer mutuamente. Lo más importante, barato y sostenible es que respetes la vegetación y la forma de tu jardín antes de meterle mano. Si hay desniveles, mantenlos: es estético y preservarás el suelo.

Huerto urbano

Ya tengas mucho o poco espacio, la satisfacción que da un huerto urbano es increíble. Mi recomendación es que vayas poco a poco. Recuerda: de los errores se aprende, no te rindas a la primera de cambio. Si no sale nada, vuelve a intentarlo.

Como te contaba al inicio del capítulo, empezamos a cultivar hortalizas en una terraza con orientación norte que tenía muy pocas horas de luz, haciendo unas jardineras con palets y bolsas de rafia. Años después he ido cultivando en macetas que tenía por casa o que daban familiares, y reutilizando materiales de la cocina, como envases de plástico o briks. Hay años que no he tenido mucha cosecha, o que una planta se me ha dado genial y otra no ha salido, pero con el tiempo he ido aprendiendo y conociendo el clima y las plantas que más se dan.

?

- Sabrás qué semillas saldrán y cuáles no si las pones en un vaso con agua: planta las que se hundan.

Mi recomendación es que utilices todo lo que tengas por casa para empezar tu huerto urbano. ¡Encontrarás ideas chulísimas en internet! Planta los vegetales que te gusten: de nada sirve tener unos pimientos maravillosos si no te los vas a comer porque no te gustan. Tampoco te olvides de plantar flores, muy importantes para atraer polinizadores, además de dar color al espacio. Empieza poco a poco y, en cada temporada, ve ampliando. Aprovecha los espacios verticales poniendo soportes para que trepen las plantas o usa jardineras verticales.

Muebles, iluminación y decoración

Este aspecto dependerá del tipo de espacio que quieras crear, pero en cualquier caso, optar por la versión más sostenible siempre será la mejor opción. Mi primer consejo es que dejes que la naturaleza te inspire para decorar esa zona de la casa en la que la creatividad es tu mejor aliada: recicla objetos antiguos y conviértelos en preciosas macetas, reutiliza esa estantería que ya no tiene espacio en casa para hacer un jardín vertical, monta un pequeño invernadero, pon una hamaca para leer... En internet encontrarás muchas ideas e inspiración.

Muebles

A la hora de elegir muebles, lo primero es ver si ya tienes en casa algunos que te sirvan y a los que les puedas dar una segunda oportunidad. Si tienes que hacerte con ellos, opta por los de material reciclado o sostenible: te durarán más y apoyarás las prácticas de fabricación justas y ecológicas. El bambú, el ratán y la madera serán tus aliados en el jardín: duran, son robustos y sostenibles, y tienen el menor impacto ambiental. También puedes optar por el mercado circular y hacerte con algunos muebles de segunda mano. ¿Has pensado en hacerte un sofá con palets reciclados? En Pinterest encontrarás muchísimas ideas. No olvides tratar la madera para que resista la humedad y te dure más. También hay muebles de acero reciclado, forja y poliuretano de bajo impacto ambiental. La elección es tuya, pero siempre con cabeza y pensando a largo plazo.

En nuestro caso, aún estamos creando un espacio exterior en nuestro hogar, pero conservamos los muebles que compramos para la terraza del piso anterior. Los elegimos sabiendo que nos iban a gustar mucho tiempo.

Tipos de muebles hay muchos, así que dependerá de los rinconcitos que hayas creado y de tus gustos, pero recuerda que menos es más y que no es necesario llenar cada rincón. Como en otras estancias, piensa en vertical y usa tus paredes para poner baldas o soluciones colgantes que te permitan aprovechar el espacio y liberar la zona de paso. Los muebles multiusos se adaptarán a todas tus actividades: sillas reclinables, sofás modulares... Según el espacio, opta por versiones fijas o plegables.

Iluminación

De día, lo mejor es aprovechar la luz del sol, pero por la noche necesitarás algo de iluminación artificial. Las luces solares son una opción genial, además de que crean un ambiente muy acogedor. Las tienes en formato guirnalda, faroles o incluso en forma de seta. Estas opciones te ayudarán a ahorrar en tu factura. Presta atención a la zona de comedor y juega con las diferentes alturas para crear el ambiente que buscas. También puedes iluminar algunas de las plantas que tengas en tu zona verde para crear una atmósfera más natural. Y si necesitas una luz más potente, como te he ido diciendo a lo largo del libro, opta por bombillas led.

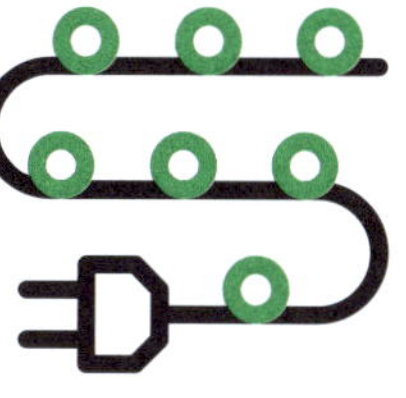

Decoración

El protagonista indiscutible en tu espacio serán los maceteros y jardineras, si no decides hacer un huerto. Para gustos, colores: los de terracota con plato debajo, como están hechos con un material poroso, absorben el exceso de agua y la planta la coge cuando la necesita; los de madera de acacia resisten las inclemencias del tiempo; el gres es duradero; las macetas galvanizadas aportan un toque retro al espacio; las de hormigón resisten las heladas...

Me encanta combinar distintos tamaños de plantas, y sus correspondientes macetas, y los distintos materiales de estas. Las jardineras de madera me parecen preciosas para un acabado más natural, y puedes hacerlas tú con palets y maderas recicladas. Yo misma me hice una la primavera pasada que quedó ideal.

Aquí tienes algunas ideas de maceteros que puedes hacer con cosas que ya tengas:

Macetero con material reciclado

Materiales

- Ruedas, cajones de madera, bidones, sacos...
- Tela de arpillera o bolsas de rafia reutilizadas

Elaboración

1. Agujerea la base para que drene bien.
2. Ponle tela o la bolsa para retener la tierra.
3. Píntalas por fuera para darle otro toque.

Macetero con palets

Materiales

- Palets
- Tela de arpillera o bolsas de rafia reutilizadas

Elaboración

1. Corta el palet como quieras y lija las piezas.
2. Clava bien los clavos que sobresalgan.
3. Ensambla las piezas y atorníllalas.
4. Forra por dentro con la tela o bolsa.
5. Pinta o barniza el macetero a tu gusto.

En cuanto a los textiles, el mejor material para exterior es el algodón orgánico, tanto porque se usan pocos recursos al producirlo como porque su calidad es alta. Si vives en una zona húmeda, busca textiles de algodón mezclados con Gore-Tex, fabricado con material reciclado, lo que reduce la gestión de residuos, y convierte la tela en impermeable. Para las alfombras, opta por el polipropileno reciclado con base de caucho o látex sintético. Aunque hay materiales más respetuosos con el medio, no aguantan la exposición al sol o la lluvia.

Si necesitas algo para dar sombra porque no tengas techo o árboles, opta por un toldo o una sombrilla. Te aportará sombra y le dará un aire personal a la zona de comedor, por ejemplo. También puedes hacer una cubierta con maderas recicladas o brezo.

Piensa también en opciones de almacenaje en tu balcón o jardín, ya que puede convertirse en una solución para tu falta de espacio en casa o si tienes herramientas para cuidar del jardín que no tengas dónde guardar. Pon unas estanterías que te permitan guardar tus cosas en cajas decorativas: le darás tu toque al espacio y las resguardarás del polvo. Combínalas con plantas y crearás un bonito rincón. En una esquina, puedes poner unos ganchos y colgar las bicis. Si no quieres que se vean, una cortina o una estantería con plantas puede ayudarte a ocultarlas.

Para separar ambientes, usa vallas de madera, rocalla, brezo o plantas.

Gracias por acompañarme, habitación por habitación, para aprender a ser más sostenible en casa sin arruinarte. Este es el libro que me hubiera gustado tener en mis manos cuando me decidí a llevar un estilo de vida más consciente y respetuoso con el planeta. Espero que pueda servirte e inspirarte en tu búsqueda por ser más consciente y sostenible.

Notas

1 Ecodes, «5 aspectos sobre el consumo energético en casa»: https://ecodes.org/tiempo-de-actuar/hogares-sostenibles/ahorro-energetico/5-aspectos-sobre-el-consumo-energetico-en-casa

2 *La Voz de Galicia*, «¿Qué consume más, tu iPhone o la nevera de tu casa?»: https://www.lavozdegalicia.es/noticia/reto-digital/ocio/2015/04/30/consume-tu-iphone-nevera-tu-casa/00031430412136168427960.htm

3 OCU, «Frigoríficos eficientes por menos de 650 euros»: https://www.ocu.org/electrodomesticos/frigorificos/noticias/frigorificos-ahorradores

4 Eurotopten, «Los televisores más eficientes del mercado»: https://eurotopten.es/private/products/tvs

5 *OkDiario*, «10 consejos para decorar la habitación de un niño de forma ecológica»: https://okdiario.com/bebes/10-consejos-decorar-habitacion-nino-forma-ecologica-7426492

6 Miarco, «Todo lo que deberías saber sobre burletes aislantes»: https://www.miarco.com/blog/como-elegir-burletes-para-puertas-y-ventanas-y-aislar-tu-hogar/

7 ONU: https://news.un.org/es/story/2024/06/1530631#:~:text=la%20salud%20infantil

8 *CuerpoMente*, «6 ingredientes tóxicos ocultos en tus productos de limpieza»: https://www.cuerpomente.com/ecologia/medio-ambiente/ingredientes-toxicos-productos-limpieza_2075

9 Universidad de Harvard, «El uso regular de desinfectantes, relacionado con un mayor riesgo de enfermedad pulmonar obstructiva crónica (EPOC)»: https://fiorp.org/el-uso-regular-de-desinfectantes-relacionado-con-un-mayor-riesgo-de-enfermedad-pulmonar-obstructiva-cronica-epoc/

10 Ecoembes: https://www.ecoembes.com/es/reduce-reutiliza-y-recicla/economia-circular-en-espana

11 *RETEMA*, «España envía a vertedero el 56,7 % de los residuos, según un estudio de la EAE Business School»: https://www.retema.es/actualidad/espana-envia-vertedero-567-residuos-segun-un-estudio-del-eae-business-school

12 Sigaus, «El poder contaminante del aceite industrial usado»: https://www.sigaus.es/un-residuo-peligroso#:~:text=produce%20una%20

13 ONU, «Una población en crecimiento»: https://www.un.org/es/global-issues/population

14 Preahorro, «Controla la temperatura en el hogar, usa el termostato»: https://preahorro.com/como-ahorrar/ahorrar-en-calefaccion-en-el-hogar/

15 Oficina Verde de la Universidad de Zaragoza, «Horarios de encendido de las instalaciones generales de frío y calor»: https://oficinaverde.unizar.es/horarios-de-encendido-de-las-instalaciones-generales-de-frio-y-calor

16 Euroinnova, «Descubre cuál es la mejor música para hacer quehacer en casa»: https://www.euroinnova.com/blog/musica-para-hacer-quehacer-en-casa

17 Shine, Tara. *Salvar el planeta*. Barcelona, Blume, 2020, pág. 76.

18 Shine, Tara. *Salvar el planeta*. Barcelona, Blume, 2020, pág. 76

19 Shine, Tara. *Salvar el planeta*. Barcelona, Blume, 2020, pág. 76.

20 Shine, Tara. *Salvar el planeta*. Barcelona, Blume, 2020, págs. 72-74.

21 Shine, Tara. *Salvar el planeta*. Barcelona, Blume, 2020, pág. 73.

22 Shine, Tara. *Salvar el planeta*. Barcelona, Blume, 2020, págs. 79-81.

23 Shine, Tara. *Salvar el planeta*. Barcelona, Blume, 2020, págs. 79-81.

24 Shine, Tara. *Salvar el planeta*. Barcelona, Blume, 2020, págs. 79-81.

25 OMS, «Cada movimiento cuenta para mejorar la salud»: https://www.who.int/es/news/item/25-11-2020-every-move-counts-towards-better-health-says-who

26 COPE, «Más de la mitad de los españoles no duerme bien: solo 3 de cada 10 personas califican su sueño de excelente»: https://www.cope.es/actualidad/sociedad/noticias/mas-mitad-los-espanoles-duerme-bien-solo-cada-personas-califican-sueno-excelente-20230120_2505072

27 Sociedad Española de Neurología, «Los problemas del sueño amenazan la salud y la calidad de vida de hasta el 45 % de la población mundial»: https://www.sen.es/saladeprensa/pdf/Link332.pdf

28 Shine, Tara. *Salvar el planeta*. Barcelona, Blume, 2020, pág. 115.

29 Sapos y Princesas, «Cómo puede ayudar a los padres el aumento de la conciencia ecológica de los niños»: https://saposyprincesas.elmundo.es/consejos/actualidad/aumento-de-la-conciencia-ecologica-de-los-ninos

30 Sapos y Princesas, «Cómo puede ayudar a los padres el aumento de la conciencia ecológica de los niños»: https://saposyprincesas.elmundo.es/consejos/actualidad/aumento-de-la-conciencia-ecologica-de-los-ninos

31 Eroski Consumer, «Pañales de tela para bebés, una forma de ahorrar»: https://www.consumer.es/bebe/panales-de-tela-para-bebes-una-forma-de-ahorrar.html

32 RelmuBebé, «¿Cuánto se demora un pañal en descomponerse?»: https://relmubebe.cl/cuanto-se-demora-un-panal-en-descomponerse/

33 Agencia de Residuos de Cataluña, «Viabilidad de la recogida y el tratamiento de pañales de un solo uso en Cataluña»: https://residus.gencat.cat/web/.content/home/ambits_dactuacio/recollida_selectiva/residus_municipals/materia_organica__form_-_fv/jornades__estudis_i_enllacos/bolquers_es.pdf

34 *ABC*, «España tiró 2,8 millones de toneladas de comida a la basura en 2023»: https://www.abc.es/antropia/espana-tiro-basura-millones-toneladas-comida-basura-20240327133046-nt.html

35 ONU, «El mundo desperdicia más de 1.000 millones de platos de comida al día»: https://www.unep.org/es/noticias-y-reportajes/comunicado-de-prensa/el-mundo-desperdicia-mas-de-1000-millones-de-platos-de

36 OCU, «¿Fregar a mano o en lavavajillas? Esa es la cuestión»: https://www.ocu.org/electrodomesticos/detergentes-lavavajillas-mano/consejos/fregar-mano-maquina

37 Autopista, «Los microondas en Europa contaminan casi lo mismo que 6,8 millones de coches»: https://www.autopista.es/noticias-motor/losmicroondas-en-europa-contaminan-casi-lo-mismo-que-6-8-millones-de-coches_149058_102.html

38 *elDiario.es*, «Mitos y verdades sobre el uso del microondas»: https://www.eldiario.es/consumoclaro/mitos-verdades-microondas-uso-adecuado_1_10972990.html

39 *La Vanguardia*, «En España se usan todavía 180 bolsas de plástico por habitante y año»: https://www.lavanguardia.com/vida/20180518/443676001137/en-espana-se-usan-todavia-180-bolsas-de-plastico-por-habitante-y-ano.html

40 Forbes, «La producción de papel se redujo en un 4,6% en 2023, hasta las 6 millones de toneladas, según Solunion»: https://forbes.es/economia/467937/la-produccion-de-papel-se-redujo-en-un-46-en-2023-hasta-las-6-millones-de-toneladas-segun-solunion/

41 Fundación del Corazón, «Consumir 4 o 5 tazas de café al día reduce un 14% el riesgo de muerte»: https://fundaciondelcorazon.com/prensa/notas-de-prensa/2509-consumir-4-o-5-tazas-de-cafe-dia-reduce-14-riesgo-de-muerte.html#

42 «Informe del desperdicio alimentario en España». 2022. Ministerio de agricultura, pesca y alimentación.

43 FAO. «Pérdidas y desperdicio de alimentos en el mundo. Alcance, causas y prevención». Roma, 2012.

44 Shine, Tara. *Salvar el planeta*. Barcelona, Blume, 2020, pág. 64.

45 Cuidatuplaneta, «Consumismo y medio ambiente. El consumismo actual está afectando gravemente al medio ambiente y al cambio climático»: https://www.cuidatuplaneta.org/consumismo-y-cambio-climatico/

46 Shine, Tara. *Salvar el planeta*. Barcelona, Blume, 2020, pág. 125.

47 Rezerø, «La salud, mejor sin plástico (3): cero toallitas húmedas»: https://www.rezero.cat/es/la-salud-mejor-sin-plastico-3-zero-toallitas-humedas/

48 Metanoia Ecoboutique: https://www.facebook.com/metanoia.gt/photos/a.817387538443397/1109196459262502/?type=3

49 FACUA, Consumidores en acción, «FACUA pide multas para Carrefour, Dia y Lidl por su 'tasa rosa' fraudulenta en maquinillas de afeitar»: https://facua.org/noticias/facua-pide-multas-para-carrefour-dia-y-lidl-por-su-tasa-rosa-fraudulenta-en-maquinillas-de-afeitar/

50 Shine, Tara. *Salvar el planeta*. Barcelona, Blume, 2020, pág. 138.

51 Shine, Tara. *Salvar el planeta.* Barcelona, Blume, 2020, pág. 138.

52 GreenPeace, «Un día más de teletrabajo a la semana reduciría un 3% las emisiones del transporte»: https://es.greenpeace.org/es/sala-de-prensa/comunicados/un-dia-mas-de-teletrabajo-a-la-semana-reduciria-un-3-las-emisiones-del-transporte/

53 Shine, Tara. *Salvar el planeta.* Barcelona, Blume, 2020, pág. 188.

54 *Insignia, Rehabilitación y Arquitectura*, «Las nuevas viviendas en Euskadi deberán tener una terraza como mínimo de 4m2»: https://obrasinsignia.com/blog/terrazas-nueva-construccion-euskadi/

55 RING! Relaciones inteligentes, «Luz solar: los positivos efectos en la salud mental»: https://relacionesinteligentes.com/luz-solar-salud-mental/

56 Sostenibilidad para los Negocios, Cámara de Comercio de Valencia, «¿Qué dice la OMS sobre los plaguicidas y los pesticidas?»: https://negociosostenible.camaravalencia.com/ambiental/tendencias/que-dice-oms-sobre-plaguicidas-pesticidas/